刘斌 吴畅灏——著

上市公司第二增长曲线

SECOND GROWTH CURVE OF LISTED COMPANIES

北京大学出版社
PEKING UNIVERSITY PRESS

图书在版编目（CIP）数据

上市公司第二增长曲线 / 刘斌，吴畅灏著. —北京：北京大学出版社，2024.1
ISBN 978-7-301-34469-9

Ⅰ. ①上… Ⅱ. ①刘…②吴… Ⅲ. ①上市公司—企业发展—研究—中国
Ⅳ. ①F279.246

中国国家版本馆CIP数据核字(2023)第180290号

书　　　名	上市公司第二增长曲线
	SHANGSHIGONGSI DI-ERZENGZHANG QUXIAN
著作责任者	刘　斌　吴畅灏 著
策 划 编 辑	裴　蕾
责 任 编 辑	高　源　周　莹
标 准 书 号	ISBN 978-7-301-34469-9
出 版 发 行	北京大学出版社
地　　　址	北京市海淀区成府路205号　100871
网　　　址	http://www.pup.cn
电 子 邮 箱	编辑部em@pup.cn　总编室zpup@pup.cn
新 浪 微 博	@北京大学出版社　@北京大学出版社经管图书
电　　　话	邮购部010-62752015　发行部010-62750672　编辑部010-62750667
印 刷 者	涿州市星河印刷有限公司
经 销 者	新华书店
	880毫米×1230毫米　A5　8印张　206千字
	2024年1月第1版　2024年1月第1次印刷
定　　　价	68.00元

序
PREFACE

　　知之愈明，则行之愈笃；行之愈笃，则知之益明。本书积累于刘斌先生和吴畅灏先生服务数十家上市公司的投行案例，沉淀于对科技前沿创新的深刻洞察，实践于以私募投行助力国内上市公司实现第二增长曲线的典型案例，将相关理论基础与翔实案例实践结合，为企业特别是上市公司选择第二增长曲线提供了一套生动易懂、切实可行的方法体系。

　　闻者不如见者知之为详，见者不如居者知之为尽。本书作者刘斌先生与吴畅灏先生从业数十年，拥有广博的理论积累和丰硕的实践经验。刘斌先生为北京大学法学院硕士研究生，光华管理学院 EMBA，具备律师资格，同时也是资深保荐代表人，曾担任长城证券股份有限公司董事总经理、投行战略客户部总经理，曾主持中国证券市场上最大的并购案——"南北车合并"项目。刘斌先生同时也是前海母基金投委会委员、国电投基金管理公司投委会委员，在投行与投资领域均有丰富的从业经验。吴畅灏先生为北京师范大学管理学博士，光华管理学院 EMBA，曾担任中企大象基金公司董事长、黑龙江永诚商品交易中心副董事长、哈尔滨农商行董事。吴畅灏先生累计管理项目规模超百亿元，也曾牵头筹备金融资产交易中心、商业保理公司，拥有丰富的企业管理和金融从业经验。

博观而约取，厚积而薄发。现刘斌先生与吴畅灏先生分别担任真为基金的董事长和总经理，带领公司在丰富的实践探索中形成了以股权投资为主、投资银行为辅的双轮驱动业务模式，构建了"私募投行、赋能创新"的定位与愿景，已帮助数家上市公司布局硬科技赛道，探索第二增长曲线，实现可持续增长。

在本书"电力装备企业投资半年于美股上市"的案例中，双杰电气在真为基金的助力下，换股盘活天津东皋膜资产、参股设立私募基金投资能链智电，是探索第二增长曲线道路上的两次代表性尝试。布局半年即迎来开花结果日，2022年6月，由真为基金领投，中金、贝恩、金沙江、中海资本等机构跟投的能链智电正式登陆纳斯达克，成为中国充电服务上市第一股。能链智电是新能源蓬勃发展之势下进行商业模式创新的典型代表，以数字交易系统建立充电桩网络，一站式服务产业链上下游的制造商、运营商、主机厂，让能源交付更高效。作为投资方的双杰电气，在充电桩业务方面已有储备，基于此，对拥有资源聚合能力的充电服务商进行投资，能够极大地拓宽下游销售渠道，实现投资回报与产业协同的双丰收。在真为基金的协助下，能链智电落户于"绿水青山就是金山银山"的两山理论发源地浙江安吉。中国规模最大、增速最快的新能源服务商与政策加持的绿色低碳地方产业完美契合，成为"当年投资、当年入驻、当年上市"的典型投资案例，实现多方共赢。

日新者，日进也。数以千计的企业希望像双杰电气那样以"新"谋"进"，通过产业链延伸布局、多元化经营，挖掘新的增长点，构筑风险抵御网，而在科技引领未来、创新驱动发展的当下，找到高潜力赛道和高成长性标的尤为重要。

真为基金立足于科技创新高地北京，前瞻性聚焦硬核科技，帮助上市公司在主营业务之外布局新能源、精密仪器、智能制造等科技赛道，已有多个成功上市项目及高增值率的早期投资案例。真为基金坚定看好新能源领域，布局了以造车新势力哪吒汽车、激光雷达龙头企业禾赛科技为代表的电动汽车领域优秀企业；真为基金长期关注商业航天赛道，投资了以银河航天为代表的民营企业，参与建设航天强国、探索浩瀚宇宙。最重要的是，真为基金前瞻性地聚焦硬核科技，立足学术高地北京，员工中有半数以上为北大、清华毕业生，他们密切关注母校的创新成果。例如，在北京大学俞大鹏院士带领下创立的金竟科技，专攻电子光学领域的高精密电子显微镜，通过自研核心技术攻克欧美垄断的"卡脖子"难题，真为基金在 2022 年领投后再次加码，坚定支持高端科学仪器实现自主可控和国产替代；再如，致力于提供新一代口腔种植系统的泰阿科技，由北大口腔医院和中科院半导体所强强联合的科研成果转化而来，研发具有变革性的口腔光疗产品。

大鹏之动，非一羽之轻也；骐骥之速，非一足之力也。科技创新不仅要有前沿尖端技术和学术带头人，更要与产业伙伴通力协作，以实际应用场景为根本落脚点，在产业深耕多年的上市公司显然更富有经验与话语权。具有"投行基因"的真为基金天然与上市公司渊源颇深，团队拥有数十年丰富的投行经历，因此真为基金作为"科技创新与产业赋能"双轮驱动的投资机构，协同上市公司发展需求与地方产业战略、实现资源优化配置，是其特有的赋能专长。2023 年 4 月，真为基金引荐招商项目梅斯健康（02415.HK）正式在港交所敲钟上市，成为真为基金为安吉招商落地的第三家上市公司。梅斯健康是国内最大的在线医师平台之一，在真为基金的投行业务赋能下，落地安吉后已快速搭建起当地生物医药与医疗器械企业广泛参与的生态圈。与此同时，真为基金也能够助力初创企业实现在商业模式、市场拓展、发展战略等多方面的创新协同，加速科研成果转化落地。

惟进取也，故日新。创新性生产要素作为未来增长的新动能已成为业界共识，依托新科技的新业态正在迅速崛起，企业借助"外延式"发展实现第二增长曲线的机遇也愈发成熟。在新经济快速崛起和存量竞争日益激烈的当下，企业必须通过开拓第二增长曲线，积极探索新技术、新领域和新模式，以吸引高素质人才，激发创新潜能，并把握市场先机，充分释放核心竞争力。

真为投资基金管理有限公司

2023 年 9 月

前 言

PREFACE

　　任何一家上市公司，当其发展到一定阶段时，无论是由于外部竞争加剧，还是由于内部管理不善，或多或少都会面临增长见顶的瓶颈，遭遇发展受阻的困境：或公司利润仍在增长，但整体发展与增长目标相去甚远；或投入巨大，却所得甚微。面对危机，绝大多数上市公司考虑通过精细化管理实现成本效益提升，然而此方法对身处极限点的公司来说无济于事：若业务已达到公司的极限点，但尚未达到行业的极限点，则或许通过优化内部管理并调整运营模式能有所改善，但效益极其有限；若公司的业务已达到行业的极限点，则此时无论投入多少精力，也将难改现状。在此塞滞阶段，如何实现高利润增长，是每一家上市公司亟待解决的问题。

　　是执守本业，通过精细化管理促进增长；还是战略创新，在蓝海中寻找一片新的天地？本书以丰富的理论和案例研究为依据，提出：每一家上市公司在发展至一定阶段后，都需要寻找企业再崛起的第二增长曲线，挖掘企业增长潜力，寻求全新发展机遇。而在当前经济环境下，中国上市公司探索第二增长曲线的最佳方式就是通过股权投资：企业借助过往积累的资金、人才和市场等商业禀赋，针对企业生态进行横向或纵向的投资与并购整合，或者对新技术、新领域、新模式进行投资。这正是中国上市公司开辟第二增长曲线的良方。

目 录

CONTENTS

第一部分 ｜ 第二增长曲线研究总论

第二部分　∣　中国上市公司第二增长曲线案例

1

第一部分

第二增长曲线研究总论

第1章 第二增长曲线理论

第二增长曲线[①]理论，是由管理哲学大师查尔斯·汉迪（Charles Handy）在其著作《第二曲线：跨越"S型曲线"的二次增长》（*The Second Curve*：*Thoughts on Reinventing Society*）中所提出的。第二增长曲线理论以"创新"和"变革"为中心，认为一切事物的发展趋势都逃不开"S型曲线"，即第一增长曲线，企业在第一增长曲线达到高峰前，就应该开辟第二增长曲线。这表明，在很多情况下，当企业最终找到方向的时候，已经永远地错过了转瞬即逝的机遇。创新首先是要有能力抛弃以往的成功经验，但大部分企业已经习惯待在"舒适区"而没有意识到这一点。因此，企业的发展就不可避免地要遵循从繁荣到衰落的"生命周期"，不同的只是时间长短。创新还需要采取切实的改革措施，很多情况下，企业不是缺少创新的思想，而是缺少实际的行动。

开辟第二增长曲线的时机非常关键。第一增长曲线是每个企业在预测未来时一定会参考的工具，然而，始终在第一增长曲线中原地踏步是非常不可取的。企业如果能在第一增长曲线到达巅

---

① "第二增长曲线"简称"第二曲线"。本书中若不加说明，二者不进行区分。

峰之前就成功开辟出第二增长曲线，则将开始新的成长，并在第二增长曲线的引领下重新起飞。如果将第二增长曲线理论进行延伸，那么将会出现第三增长曲线、第四增长曲线，每条曲线紧密衔接，企业则能够持续发展。第二增长曲线理论通过关注趋势和趋势的变化，根据新的时代与外部环境的变化，从当前着手，创造未来。

第1节　企业战略与第一增长曲线

企业战略包括市场战略、发展战略、品牌战略、融资战略、技术开发战略、人才战略、资源战略等，是对企业整体性、长期性、基本性问题的规划。企业在制定并实施价值创造策略的过程中，可以提升自身的战略能力。策略是企业为提升核心竞争力、获取竞争优势而采取的一系列管理行为。如果一个策略被选定，企业就会在多种竞争模式中做出抉择，在这种情况下，策略的选择决定了企业想要的和不想要的。如果一家企业执行的策略不可被复制，或者因为成本等原因而不能被模仿，那么它就会取得竞争优势。但任何竞争优势都绝非永恒的，企业的竞争优势可以维持多长时间，取决于竞争对手用多少时间可以模仿其价值创造策略。

企业制定战略是为了业绩增长，而任何一家企业的业绩增长，都有两种来源（如图1-1所示）：第一种来源是企业的第一增长曲线；第二种来源是企业的第二增长曲线。企业的第一增长曲线是其从过去到现在的各项业务发展的总和，它是一家企业存在的根本；第二增长曲线是一家企业未来各种商业活动的总和，它将成为企业新的增长动力。虽然第一增长曲线和第二增长曲线都可以使企业的经营业绩得到提高，但两者之间存在着根本区别：第一增长曲线仅仅反映企业的历史与现状，而第二增长曲线则代表了企业的未来前景。

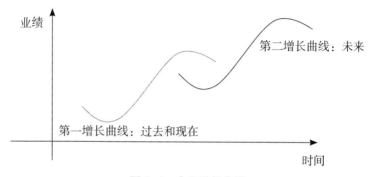

图1-1　企业增长曲线

就整个社会而言，大多数的社会现象并不是呈直线发展的，许多方面都呈现 S 型，这意味着，整个社会在不同时期的发展是不平衡的。企业、行业甚至国家的发展，都可能呈现 S 型：一开始缓慢，一旦突破，就会以惊人的速度向前推进，直到到达临界点才会停止。S 型曲线有两个关键点：第一个是破局点，也是最关键的；第二个是极限点，因为增长是有上限的。

企业第一增长曲线上有三个点：破局点、极限点、失速点，如图 1-2 所示。

破局点。一家初创企业，在创立的初期需要找什么？要找第一增长曲线的破局点，因为一旦找到破局点，企业就会进入自然增长期。相反，一家初创企业如果找不到破局点，就会在死亡的边缘徘徊。因此，找到第一增长曲线的破局点对于初创企业来讲是第一要务。突破了破局点能够活下来的企业，就可能会形成第一增长曲线。

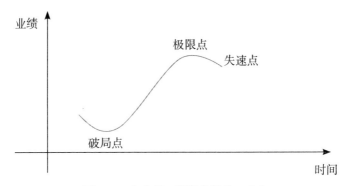

图 1-2　企业第一增长曲线的三个点

极限点。根据物理学原理，以重力和山体环境推算，地球上很难出现海拔超过一万米的山峰，因为一旦接近这个高度，山体就会因超过自身承受力的极限而崩塌，所以目前陆地上最高的山峰是海拔 8,848.86 米的珠穆朗玛峰。类似地，任何产业、行业都有规模上限，任何企业的第一增长曲线都会遭遇极限点。《创新：进攻者的优势》（*Innovation：The Attacker's Advantage*）的作者理查德·福斯特（Richard Foster）说：如果你处于极限点，那么无论你多么努力，无论你花多少钱，也不能取得进步。

失速点。产生这一关键点的第一种情况是：失速来自整体市场规模。每当企业第一增长曲线遭遇整体市场规模极限点的时候，就意味着不可能再有增长了，于是第一增长曲线就自然而然地到达失速点。人们经常说"人定胜天"，但遗憾的是，在这种情况下，市场中的所有企业都会不可避免地面临业绩下滑。此时，极限点即失速点，企业第一增长曲线必然掉头向下。《失速点》（*Stall Points*）的作者是马修·奥尔森（Matthew Olson）和德雷克·范贝夫（Derek van Bever），文中这样论述道：一个企业一旦到达失速点，只有 4% 的可能重新恢复增长引擎。第二种情况是：失速来自企业本身。整体市场规模还没有到达增长极限点，市场空间还在继续增长，但企业自身营业收入却大幅下降，此时，企业就遭遇了失速点，进入失速区。据统计，在这种情况下，83% 的企业会直接俯冲下去，只有 17% 的企业可以再发展起来。

基于以上三点，企业仅停留在第一增长曲线是不明智的。不管企业的第一增长曲线当下如何、企业家是否满意，即使仍然气势如虹、昂扬向上，寻找并且开启第二增长曲线也应势在必行。

尽管几乎所有的企业战略，都会宣称同时考虑了第一增长曲线和第二增长曲线，但是战略重心究竟是为了不断巩固和拉升第一增长曲线，还是为了找到并且开启第二增长曲线，是关乎企业生死存亡的决定性问题。对这个关键问题的回答，直接决定了一家企业的先天基因和底层逻辑，也直接决定了一家企业从现在到未来能做多强、能做多大、能做多久。换而言之，动机不同、起点不同、逻辑不同、先后不同、主次不同，体现本质上的天壤之别，从中长期看，最终结果也完全不同。

第 2 节　企业战略与第二增长曲线

企业在制定战略时通常采用两种不同的思维方式，其内在逻辑、需求起点和施行原则均存在较大差异。

第一种思维方式是主流的思维方式，呈现出两大特征：第一大特征是企业制定战略的目的是服务其自身的需求，例如，成为世界 500 强还是中国 500 强，经营房地产还是汽车，布局线下实体还是互联网等。企业自身需求是元起点，始终是排在第一位的，至于客户需求，虽然也会考虑，但却是排在第二位的。第二大特征是制定战略的目的是巩固并拉升企业第一增长曲线，确保现有业务更具有竞争力。不管现有业务是精准单一的，还是多元组合的，都要在可见的市场进行竞争，尽可能把企业第一增长曲线拉得更长、更高、更陡。在任何时候，企业都必须确保现有业务持续增长，第一增长曲线如果遭遇增长瓶颈，不论处于极限点，还是失速点，都必须断腕求生，投入更多资源，重新恢复增长引擎。总之，应首先考虑第一增长曲线，再去寻找新的未知增长空间，找到并且开启第二增长曲线。

第二种思维方式是目前非主流的思维方式：制定战略的目的是找到并且开启企业第二增长曲线。企业制定战略的目的只有一个，就是找到新的业务增长空间，找到那些暂处早期、尚无盈利却蕴藏巨大增长潜力的业务，为企业找到真正的未来。制定战略不是为了巩固并且拉升企业第一增长曲线，不是为了守住现有业务，因为第一增长曲线已经过了破局点，进入自然增长期，尽管第一增长曲线也会在未来带来业绩增长，但那只是现有业务的延续，不是企业真正的未来。企业面对第一增长曲线，就应该像父母面对一个已经年满18周岁的孩子一样，只需保持适度关注，让它按照自己的节奏向前走。第一增长曲线如果表现得好，就让它保持现有的惯性自然增长；第一增长曲线如果表现得不好，可能会遭遇极限点或者进入失速区，那么与其拼死相救，不如果断放弃。

以上就是两种制定战略思维方式的主要特征，从中我们可以看出两者之间的巨大差异。自从制定战略这个概念在20世纪60年代被引入企业以来，由于思维方式的不同、对企业未来的理解不同，商业世界里一直存在着表面上相似但本质上完全不同的两种战略。

第一种战略基于主流思维方式，立足当下，兼顾未来，是倾向于"守业"的第一增长曲线战略。第一增长曲线战略的元起点是企业自身需求，战略的主要目的是巩固并且拉升企业第一增长曲线，尽量拓展当下已有业务的增长空间，再兼顾未来新的增长空间。第一增长曲线战略是"做加法"的战略，强调一个都不能少、越多越好、越宽越好、越全越好。第二种战略基于非主流的思维方式，着眼未来，兼顾现在，是倾向于"创业"的第二增长曲线战略。第二增长曲线战略的主要目的是找到企业第二增长曲线并且促进其增长，不断寻找新的增长空间，再兼顾已有业务的增长，对于已有的业务，重点在于抓好运营。

需要特别指出的是，这两种战略虽然在形式和内容上，都会考虑企业自身需求和客户需求，也都会兼顾企业现在和未来的发展，但是如果沿着这两种制定战略思维方式的不同之处进一步向下深挖，我们会发现，其本质区别在于底层世界观的不同。第一增长曲线战略建立在牛顿机械论世界观之上，战略思维的逻辑基点是"企业主导、整体规划、提前布局、精确控制"。第二增长曲线战略建立在达尔文进化论世界观之上，战略思维的逻辑基点是"市场主导、自我进化、分形迭代、自然生长"。当然，底层世界观和思维方式不同，并不意味着这两种战略是"非黑即白、相互冲突"的，如果就此开始讨论这两种战略孰优孰劣，显然会仁者见仁，智者见智。

一个不可否认的事实是，主流的第一增长曲线战略主导了过去几十年里商业世界的竞争格局，并且在总体上是有效的。因为任何战略，从本质上看，都是基于市场竞争环境的自然选择。第一增长曲线战略在过去之所以能成为主流的企业战略选择，是因为过去的市场竞争环境具有两大特征。

第一大特征：需求大于供给。企业想做什么，基本上就可以做什么；企业生产什么，客户就会买什么。每当企业进入一个新领域，就会带来新的增长，因为市场空间非常大，即使存在竞争，也是非常温和的竞争。在这种情况下，制定战略以企业自身需求为元起点，没有大问题。

第二大特征：市场竞争格局相对稳定。企业第一增长曲线的破局点和极限点之间，还有很大的市场增长空间。尽管第二增长曲线是企业的未来，但是寻找企业第二增长曲线并非迫在眉睫。在这种情况下，战略的目的是巩固并且拉升企业的第一增长曲线，也没有大问题。

虽然第一增长曲线战略占据主流并且总体有效，但是非主流的第二增长曲线战略也在商业史上创造了众多熠熠生辉的明星企业。

第3节　企业战略转变

回望我国 1978—2023 年改革开放的四十多年，经济高速发展，给企业创造了一个可以依赖政策和资源红利野蛮生长的市场环境。面对长期压抑的消费需求得到巨量释放，追求大而全的第一增长曲线战略自然而然地成了企业的首选。然而，客观规律从不以个人的意志为转移，随着时间的推移，市场竞争环境整体上正在加速发生变化。

泰勒·考恩（Tyler Cowen）所著的《创造性破坏》（*Creative Destruction*）一书中有一组数据：1920—1930 年间，标准普尔 90

指数公司的淘汰率每年平均为 1.5%，保持榜上有名的时间平均达到 65 年以上；而在将近 70 年之后的 1998 年，标准普尔 500 指数公司的淘汰率接近 10%，同时，企业在榜上的平均寿命也降为 10 年，不再是 65 年。另一组数据显示，行业领导者们被赶下神坛的速度越来越快：1973—1983 年这 10 年里，《财富》（Fortune）1000 强企业当中，有 350 家被新企业挤出榜单。而在 30 年之后的 2003—2013 年这 10 年里，《财富》1000 强企业当中被挤出榜单的竟然多达 712 家。市场竞争整体上已经呈现出加速变化的趋势，而且加速度越来越大。比如，美国电话普及率从 0 到 40% 用了 39 年时间，移动电话达到同样普及程度用了 6 年时间，而智能手机只用了 3 年。2010 年大家都认为移动互联网的高速增长至少会持续 10 年，而事实上在 2015 年，移动互联网的高速增长期就已经结束了。

历史的车轮来到 2023 年，企业必须清醒地认识到，现在的市场竞争环境已经发生了两大根本性的转变。

第一大转变：供给远远大于需求，市场由企业主导变成了客户主导。总体来看，当前市场竞争中，供给远超需求，客户享有巨大的选择权。无论企业过去多么强势，在当下，只要产品不符合客户需求，客户随时可以用脚投票。在这种情况下，若制定战略的起点仍然是满足企业内部需求，则企业将会发现自己历经艰辛、克服重重阻碍、投入巨大成本与承担巨大风险所制定的战略，或许纯属自我满足，这所谓企业内部欲行之事，他人也毫不关心。

第二大转变：市场变化已经呈现出加速的趋势，第一增长曲线到达极限点的时间越来越短。随着变迁愈发急速企业希望像过去那样巩固并且拉升第一增长曲线来获取增长已经愈发困难。如果企业还是固守第一增长曲线，而不去思考真正的未来，一旦第一增长曲线到达极限点，就是企业遭遇失速点、进入失速区、开始走向衰落的时候。

为什么今天企业制定战略越来越难？最本质的原因是主流的第一增长曲线战略已经越来越难以适应这个已经发生根本性转变的新商业时代了。在过去，企业拥有市场的主导权，对于企业来说，"遍地是机遇，插根扁担都能开花"；而现在，客户拥有市场的主导权，对于客户来说，"拥有无限选择权，随时随地用脚投票"。企业制定战略，如果还是以主流的思维方式选择第一增长曲线战略，就会发现整个战略无比复杂。企业第一增长曲线追求大而全，这就意味着企业战略必定会涉及很多个不同业务领域，而企业的资源有限，想要兼顾并做好，在不同业务领域同时击败强大的竞争对手，在多个业务组合中找平衡，其难度可想而知。

市场竞争环境的根本性变化，意味着企业的生存结构发生了根本性变化，决定了主流的制定战略思维方式也应做出根本性转变。

第一大根本性转变：由以企业为主导转变为以客户为主导的战略思维方式。制定战略的元起点应该是满足客户需求。对于一家企业而言，被客户需要乃居首位，客户需求应为企业首要考虑之事。在深思熟虑该问题之后，再以客户需求为元起点，反向探究企业应如何制定策略。不再是关乎企业能够做什么，而是关乎客户需要企业实现何种目标、满足何种需求。

第二大根本性转变：由以巩固并且拉升第一增长曲线为目的，转变为以找到并且开启企业第二增长曲线为目的的战略思维方式。企业第一增长曲线遭遇极限点的时间越来越短，企业第一增长曲线消亡的速度越来越快，制定战略不是为了把现有的第一增长曲线不断拉升，而是为了找到第二增长曲线。制定战略的目的是为了找到企业的未来，而第二增长曲线才是企业的未来。

我们判断，在未来的几十年里，商业世界的竞争格局将由第二增长曲线战略主导。因此，企业家制定战略的思维方式，应该从巩固并且拉升第一增长曲线战略转变为找到并且开启第二增长曲线战略。

第4节　第二增长曲线理论研究进展

S 型曲线原指数学上的"西格玛曲线"，埃弗雷特·罗杰斯（Everett Rogers）于 20 世纪 60 年代出版了《创新的扩散》（*Diffusion of Innovations*）一书，使 S 型曲线这一术语在商界得到广泛应用。《创新的扩散》一书向读者展示了创新采用者的累计数量会以 S 型曲线的趋势发展，该书还总结出创新采用者的特点。进入互联网时代，S 型曲线被用于说明与互联网相关的新技术的层出不穷。此外，《跨越鸿沟》（*Crossing the Chasm*）的作者杰弗里·摩尔（Geoffrey Moore）还在该书中解释了新科技公司如何摆脱 S 型曲线的低谷，逐渐攀登，最终到达顶点。

全球最大的管理咨询企业埃森哲（Accenture）分析出关于"卓越绩效：攀登和跨越第二增长曲线"的数据，将"卓越绩效企业之路"分为三个部分：第一，行业领先的业务；第二，新的业务增长点；第三，下一个新的业务增长点。卓越绩效企业在初创阶段往往规模不大，一般只服务于几个有急切需求的客户，伴随其新的产品和服务的普及，企业得以快速扩张，最终攀升至巅峰。当整个市场趋于成熟以后，企业也会随之走向平稳的发展阶段。

卓越绩效的组织或者企业，指可以通过自身的发展增长到 S 型曲线的顶点，并且能够再次跳跃至下一条 S 型曲线上，生生不息并始终保持旺盛活力的组织或企业。

美国宾夕法尼亚大学战略与企业关系专家罗恩·安德纳（Ron Adner）认为，第二增长曲线的最终目标是实现客户价值，企业与个体或其他行为主体相互联系，从而为客户提供产品或服务并实现价值创造与传递的协同；这一系统能够实现单一组织无法完成的价值共创，对此，安德纳从开放创新、构成要素、平台领导、协同机制，以及价值网络等多个方面展开充分的论证。安德纳联合其他学者在对第二增长曲线的后续研究中，提出了第二增长曲线的四要素，即核心企业、企业上下游供应商、下游资源互补性供应商以及客户。这 4 个要素的密切配合与协作，构成了互补的组织网络。夏克尔·扎哈拉（Shaker Zahra）和萨蒂什·南比桑（Satish Nambisan）还提出第二增长曲线是一个企业网络，企业之间是松散连接的，企业均围绕着创新或者创新的平台开展合作，它们之间整体的生存和利益相互依存。

国内学者研究方面，由上海复旦大学金麒、孙继伟所著的《论第二曲线与企业持续发展战略》刊登在《上海经济研究》。这篇文章是国内较早研究第二增长曲线理论与商业发展相结合的论文。

对第二增长曲线理论的研究比较深入的，还有混沌大学创办人李善友先生。他的创新研究课程用一句话总结为企业通过第一性原理，跨越非连续性，实现第二增长曲线的增长。李善友先生通过分析国内外创新企业的成功或失败的案例，并结合科学理论与实践经验，形成了一套基于第二增长曲线创新理论的企业创新发展方法论。

　　海尔集团创始人张瑞敏将第二增长曲线理论作为海尔创新发展的理论支撑。目前，国内家电市场正面临经济增长放缓、红海竞争、消费疲软等诸多不利因素，海尔集团内部也正在经历一场艰难的转型。在这样的背景下，张瑞敏援引查尔斯·汉迪的"第二增长曲线"理论，并指出：企业要将足够多的资源用于第二增长曲线创新初期的投入，只有这样，第二增长曲线创新才能够得以实现，因为第二增长曲线一定是在第一增长曲线到达顶峰之前就已经启动了，而在第一增长曲线到达顶峰之前，企业的资源往往是有限的。

第2章　第二增长曲线实践：小创新

"日本战略之父"大前研一（Kenichi Ohmae）在《专业主义》中提到"专业企业家"必备的能力包括主动享受变化、执着探索的"先见能力"，以最快速度和最佳方式在所预见到的未来蓝图基础上构思新的事业并付诸行动的"构思能力"。同样地，在第二增长曲线的实践中，也无时无刻不考验着企业家洞察市场、发现机会、整合资源、做出创新的能力。

企业发展通常以业务为根基、技术为驱动、效益为目标、客户为导向。企业家不妨从这四个核心要素入手，在自身业务的基础上进行小创新，从自身业务及相关业务上实现第二增长曲线。

第1节　业务创新和增量市场驱动二次增长

企业业务从最基础的分工交易开始，到形成有一定壁垒和规模化的市场，在此期间还需要在实际运行中演进变化、不断创新、持续造血，其创新大致包括以下几种路径，分别代表由内至外、从无到有、从有到优、从上到下的创新思路。

1. 聚焦与分化

第一种业务创新路径通常是头部企业针对特定细分领域，依托主体企业的业务规模，形成独立的专业化分工能力，再将这部分业务活动转换到外部市场，实现从 1 到 N 的规模复制。作为核心的 5G 设备供应商，中兴通讯在推进 5G 行业应用的过程中发现，以冶金、钢铁、矿山为代表的大工业园区场景已经成为垂直行业数字化转型中率先成熟、规模化的领域。于是中兴通讯聚焦采矿、冶金两大行业，成立项目"特战队"，加速面向场景的能力整合和组织响应，作为标杆示范引领其他行业，进一步向外分化。

2. 边缘与切入

第二种业务创新路径需要以新兴商业机会为契机，结合市场状况和功能需求有针对性地切入。

二十多年前的黑莓手机，发现政界和商界人士需要经常查看邮箱，于是推出了 Push Mail 电邮服务。该服务能够让用户像使用短信一样实时收发电子邮件，同时保证用户的隐私性和安全性。在美国"9·11"事件当中，纽约的通信网络在爆发式的使用高峰下一度瘫痪。黑莓手机不占用带宽的电邮服务成了当时唯一能够使用的通信系统，被称为"灾难来临时的生命线"。2005年黑莓手机用户突破 400 万人，其中包括超过 20 万的美国政府官员。就是这样一个微小但精准的边缘创新，满足了政企用户切实的需求。

2014 年，海尔全面推进"员工创客化"，三位"85 后"员工发现传统笔记本电脑在性能方面并不足以满足游戏发烧友的需求，于是将互联网上的三万多条意见归纳成 13 类问题，通过整合设计、研发和制造，开发出全新的游戏本"雷神"，首创"无亮点屏幕"的业内新标准，3,000 台产品在面市 20 分钟内被抢购一空。如今"雷神"已被孵化成为海尔的强劲品牌。

找到未被主流企业关注到的边缘市场，从未被满足的需求入手，极易形成高忠诚度与强黏性的核心用户群，这部分业务创新带来的增量市场能够为后续更广泛地破圈奠定基石。

3. 交叉与重构

第三种业务创新路径是企业将不同领域的能力进行交叉与重构，从而演化出更具竞争力的新商业模式。近年来典型的实践是金融服务与数字化的结合。

传统的商业银行业务繁杂、流程僵化，管理上依赖层级制和系统化模式，已经愈发受到运营成本高企、人为操作风险剧增等问题的困扰，急需打破条块、模块的分割状态，让数据成为运营的核心，从而更充分地洞察用户，实现精确画像和精准需求分析，形成增加收益的具体解决方案。招商银行 2014 年提出"轻型银行"的转型目标，明确"移动优先"的数字化创新战略；广发银行在零售信贷业务等多领域一体化开展数字化转型探索，形成了数字化、智能化、开放化的经营模式创新点；光大银行推出虚拟银行员工——金融理财顾问"阳光小智"，为用户带来更友好、更智能、更安全的数字金融服务。借助数字化赋能更多元化的金融场景，银行能够连接更广泛的客户群体，推动第二增长曲线的跨越式发展。

4. 延伸与拓展

第四种业务创新路径是企业通过延伸价值链发展服务业务，比较典型的是电商企业京东和阿里巴巴，它们分别向物流领域延伸发展了京东物流和菜鸟物流。2011 年前后，国内电商以200%—300% 的增速高速发展，而物流业的增速只有 40%，远远落后于电商的发展速度。2013 年，阿里巴巴组建"菜鸟网络"并将其整合进物流事业部，还陆续通过投资并购将"三通一达"收入囊中；与阿里巴巴整合工具的延伸方式不同，京东物流布局得更早也更彻底。2009 年，京东成立物流公司，彰显了以一己之力布局全国物流体系的野心。京东采用"仓配一体"的模式实现即时配送。2017 年，京东物流集团成立并开始独立运营。尽管阿里巴巴和京东选择了不同道路，但共同之处是，使信息流通与物质运转快速结合，使电商与物流协同发展，用物流的边界延伸来拓展电商的边界，依托下游物流网络使商贸体系走向更低成本、更高效率、更广覆盖的未来。

第 2 节　技术迭代驱动新增长

1. 技术迭代，突破行业平台期

对于以科技驱动的行业来说，周期性的技术迭代升级会对行业整体的发展趋势产生决定性影响。以通信行业为例，2G、3G、4G、5G 的每一次技术演进都会使大量业内企业进入新的增长周期，而一项技术处在成熟应用的阶段时，其所在行业的增长会缓缓进入平台期。从通信设备行业整体收入来看，如图2-1所示，2013年受到4G牌照发放预期的影响从低位开始增长；2014—2015年4G建设和应用迅猛发展，通信设备行业市场一路高歌猛进；2017—2018年4G渗透率越来越高，市场接近饱和，增长的节奏放缓；2019—2020年，5G牌照的发放给行业打了一针强心剂，行业整体收入再次步入快速上升期。

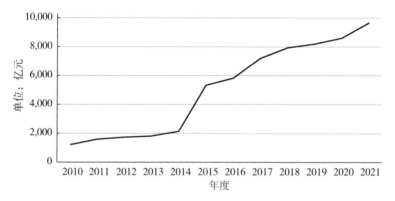

图2-1　通信设备行业营业总收入

数据来源：Choice数据库。

不难发现，2014年和2019年是通信设备行业营业总收入出现明显增长的破局点。从传导链条来看，通信技术标准的变迁，使得三大运营商和重要终端厂家的资本支出随着新行业标准的颁布逐渐增长。政策的加持和资本的助力使得底层基础设施逐渐完善，终端用户的增加和新应用需求的兴起，带动了行业内通信设备相关产业链企业的生产及销售，从而推动整个行业的蓬勃发展。由此见得，行业突破平台期的增长瓶颈需要得到市场广泛应用新技术的支持，技术迭代是实现二次甚至多次增长的核心驱动力。

2. 技术升级，主宰市场或后来居上

行业如此，企业更是如此。划时代的颠覆性技术创新能够让企业成为行业领先的标杆，甚至成为先进技术的代名词。建立起技术壁垒能为企业带来丰厚的回报，形成良性循环，为下一轮技术升级准备充足的弹药，继续引领市场。

英特尔（Intel）就是这样从行业的拓荒者成为领导者。1958年 8 月，德州仪器（Texas Instruments）公司率先做出了世界第一块集成电路板，开启了半导体的时代。10 年后英特尔成立，其以记忆体制造起家却没有停止对先进技术的探索。1974 年，英特尔8080 的问世开拓了个人电脑市场，为英特尔带来空前高的利润，更让英特尔拥有了开发新市场、迭代新技术的能力。由此，英特尔创新了微处理器的设计，定义了移动处理器的架构和 3D 记忆体架构。似乎永不枯竭的技术创新能力使得英特尔领导了近半个世纪的半导体市场，成长为一家足以撼动全球半导体市场的龙头企业。

对于非行业领导企业来说，没有核心技术的先发优势，是否意味着无法从自身的技术升级中实现突破？中芯国际给出了答案。2017 年，三星和台积电是半导体行业的领导者和风向标，10nm 芯片已成为主流产品，而中芯国际的高性能 28nm 芯片当时只有 40% 的良品率。新任 CEO 梁孟松上台后，大胆提出跨越三代五级直接研发第 26 代 14nm 制程芯片的想法，带领研发团队仅用 298 天就将 14nm 芯片的良品率提升至 95% 以上，中芯国际也凭此跻身全球仅有的六家 14nm 芯片生产企业。2019 年中芯国际又成功实现了 14nm FinFET（Fin Field-Effect Transistor，鳍式场效应晶体管）量产，代表着我国对高端芯片制造工艺和技术不断寻

求突破。从历史来看，每当新一代制程出现，企业收入都会得到阶梯式的提升。中芯国际在先进工艺制程节点上不断取得技术突破的同时，兼顾投入产出率更高的成熟制程，以先进制程和成熟制程双轮驱动业绩增长。

3. 研发投入，开辟新方向

在互联网时代，数据是企业宝贵的生产资料和资产，同样也是推动技术持续迭代的引擎。算法作为有效分析和挖掘数据的方法，被越来越多的互联网企业作为突破口。百度作为以搜索引擎和广告营销为核心业务的平台，其早期收入主要来自在线营销。随着异军突起的算法推荐改变了用户获取信息的习惯，百度选择AI 和自动驾驶等人工智能领域作为第二增长曲线的战略方向。事实上，百度转型人工智能领域的决策并非基于其原有的市场优势和商业模式，而是出于新技术创造新增长的底层逻辑。从硬核科技突围绝非易事，"研发投入 21.4%""民营企业 500 强中研发强度位列第一""AI 专利连续四年申请量和授予量位列国内第一"等数据，是百度真枪实弹地发力 AI 领域的实证。持之以恒的研发投入在财务数据中初见成效，2021 年百度以云计算和其他人工智能业务为主的非广告收入达到 212 亿元，同比增长 71%；其中智能云业务营业收入达到 151 亿元，同比增长 64%，连续五次在AI 公有云服务市场中排名第一。截至 2021 年，在自动驾驶领域，百度也已连续两年位于国际领导者阵营，"萝卜快跑"入选中国首批"自动驾驶出行服务"平台，且已从技术研发阶段进展到初步商业化阶段。

科技型企业的竞争，归根结底是技术实力的竞争，研发能力的竞争。那么企业如何落实技术创新，并有效地将其转化为业绩增长？首先，建设学习型研发团队，并将技术创新作为一项长久的命题，保证企业文化的开放性，充分利用外部学术资源、部门间的高效协同，激发内部技术人员的合力，突破技术瓶颈；其次，重视技术创新的投入产出比，而非简单的成本投入，以此来提高企业创新决策的效率，最大化资金使用效率；最后，以满足市场需求为技术创新的出发点和落脚点，强化技术成果转化意识，将探索应用可能性的意识贯穿始终。

第 3 节　成本控制创新带动内生增长

效益是企业的目标，也是企业内生增长和发展的基石。当整个行业受到政策、市场的扰动，或遭遇原材料价格高企、封锁或反垄断的困境时，企业需要各显本领，充分降本增效，找到内生增长的驱动力，在寒冬中构筑一张安全网。

1. 向上延伸，构建供应链网络

积极进行供应商管理，通过与上游企业战略合作、股权投资，或使用套期保值等金融工具，以合理的价格锁定关键原材料长期稳定供应，降低采购成本，是助力企业降本增效的有效策略之一。以天然石墨起家的负极材料企业贝特瑞为例，其下游主要供应松下、三星等海外高端动力电池企业客户。由于天然石墨一般无须进行石墨化工序，早期贝特瑞对石墨化的布局较为保守。随着"能耗双控"政策导致石墨化资源紧缺，贝特瑞在四川、山东、山西及云南多处落地石墨负极材料一体化项目，力争将石墨化自供率由 2021 年的 25% 提升至 2023 年的 55%。为保障关键原材料针状焦的供应，贝特瑞分别与国内拥有自主开发技术的两大针状焦企业山东益大、京阳设立合资企业。同时，贝特瑞在业界率先实现连续石墨化量产，单吨耗电和制造成本大幅降低。环顾电池的上游产业，电解液、隔膜行业已经通过价格战诞生龙头企业，负极材料厂商仍处于扩产阶段，未来的负极材料龙头企业必然是在上游供应链进行前瞻性布局、为未来产能释放进行蓄力的企业。

2. 工艺降本，后补贴时代内生增长

对于前期受政策扶持成长起来的新兴行业，在补贴政策逐步减弱甚至退出后，将不得不面临市场需求骤降的困境，迎来倒闭潮。若想在时代境遇的潮起潮落中立于不败之地，潮起时乘风破浪，潮落后独占鳌头，除了需要具备过硬的技术实力，还需要改善工艺水平、严控成本，实现二次内生增长。

近年来新能源汽车补贴退坡，整个行业面临"阵痛期"，而比亚迪受到的不利影响低于行业平均水平，不单单是因为比亚迪得益于其燃油车业务的支撑；还因为比亚迪是全球唯一一家能够做到动力电池完全自主配套的高度垂直整合车企，也是极少数能够自供车规级半导体并持续在工艺、原料和质量控制以及降低成本等方面投入大量精力的车企。2020年刀片电池横空出世，跳过模组直接组成电池包，空间利用率提升了50%。根据国内能源信息平台的数据，磷酸铁锂电池的行业平均成本价为650元/kWh，而比亚迪刀片电池仅为420元/kWh。除了电池工艺的领先性，比亚迪的e平台能够通过集成驱动系统来降低零部件体积和整车成本，起到降本增效的作用。正如比亚迪元老级员工夏治冰说，比亚迪的核心绝招就是成本，加上效率及人才的使用。比亚迪在解

决复杂的工程技术难题时，总能找出比其他企业更高效、更省钱、更优化的解决方案，从而形成独特的成本优势。

比新能源汽车行业更早步入后补贴时代的是光伏行业。经历了 2011 年欧美的"双反"（反倾销、反补贴）政策和 2018 年我国的"5·31"新政①，倒闭的中小光伏企业数不胜数，但补贴政策的退出反而倒逼大量中国光伏企业通过技术进步和规模效应压缩成本，成本的下降进一步拉动了外需，光伏板块市场迎来第二次增长。以隆基股份为例，它不仅是市值千亿元的第一光伏企业，而且更是金刚线切割技术的普及者。隆基股份在业内率先用金刚线切割替代传统砂浆切割技术，使得切割设备与金刚石切割线的国产替代成为可能；其利用先进工艺和智能装备来提高生产环节的成品率和良品率，在大幅提升生产效率的同时使得切片环节成本快速下降。2018—2021 年，隆基股份年均营业收入增速近50%，净利润增速近 40%，帮助其巩固了在全球单晶硅片和组件制造行业的领先地位。

技术、资金密集型的重资产行业过去通过补贴实现了超市场规律的高速发展，但当一切回归市场化，只有那些拥有自主成长能力、能够高效优质地创造正向现金流的企业，才能穿越周期的考验迎来第二增长曲线。

3. 管理提效，发挥企业最大潜能

管理是企业实现目标的有效工具和重要手段，对于企业的效益和发展至关重要。要实现降低成本、提高效率，必不可少的前

---

① 指 2018 年 5 月 31 日国家发改委、财政部、国家能源局联合印发《关于 2018 年光伏发电有关事项的通知》。

提是管理的规范化、标准化、制度化、程序化。规范化是管理落实的首要任务；标准化是衡量管理成效的有效手段；制度化为内部管理提供制度保证；程序化是内部管理迈向纵深的有力保障。最大限度地发挥管理效能、挖掘管理潜力，是企业持续健康发展、保持活力与生机的必要途径。企业要通过更优化的配置、更高效的运营、更规范的流程，实现从"传统管理"到"精细管理"的转变，通过"提质增效"，提升核心竞争力。

第4节　企业客户战略升级拉动产品需求

奥纬咨询（Oliver Wyman）的合伙人亚德里安·斯莱沃斯基（Adrian Slywotzky）曾提出：扩大市场不一定总是要发明新产品；需求创新旨在转变思维，放弃生产突破性产品的思维，转而关注目前销售的产品，发现存在于上游环节或下游环节的新需求。需求是企业创新的重要风向标，精准洞察市场需求、改善客户结构，同样是实现行业和企业二次增长的重要推动力。新一代信息技术让企业能够更便捷地获取消费者信息，企业能低成本地分析和挖掘用户需求，极大降低了消费者和企业互动交流的沟通成本。企业能够通过柔性机动的生产系统更多地满足个性化需求，从而强化、放大需求引导创新的功能。

1. 目标客群转换，精准营销触达

居民消费崛起并替代政务消费是白酒行业二次增长的重要因素。我国白酒行业收入由 2002 年的 496 亿元增长至 2011 年的 3,747 亿元，10 年黄金期实现了近七倍的增长。但 2012 年年末以

来，受到限制"三公消费"等政策因素影响，高端白酒消费市场遇冷降温，逐渐由政务消费向居民消费倾斜。2015 年后，居民消费需求上升，以高净值人群为主要客户的高端白酒行业进入新一轮涨价潮，白酒行业营业收入快速增长。以贵州茅台为例，2015 年后贵州茅台主动改善白酒消费群体结构，并进行系列酒改革转型。一方面，贵州茅台以扩张中低端市场为目标，培育酱香酒品牌。到 2017 年年底，定位于小康人群的茅台酱香系列酒成为企业主要的增长点。图 2-2 是 2012—2021 年白酒行业与贵州茅台营业收入情况。另一方面，贵州茅台进行营销模式转型，扩大直销渠道，重点扶持大型商超和电商渠道，减少中间环节。2022 年通过上线"i 茅台"App，贵州茅台运营私域流量直接触达客户。

图 2-2　2012—2021 年白酒行业与贵州茅台营业收入情况

数据来源：贵州茅台公告。

　　面对宏观经济、产业政策、行业供需合力作用下的需求冲击，通常需要整个行业调整目标客户群体，进行品牌定位创新并精准营销，利用多样化渠道触达更广泛的客户群体。

2.客户结构升级，组织结构调整

华为早期靠代理用户交换机起家，手机业务一度只有定制3G手机卖给运营商，定位低端且利润极低，与个人消费者的联结并不紧密。2010年，华为先后遭受印度和欧盟市场的打击，海外收购接连失败，占总营业收入一半以上的海外2B业务收入降低；同年iPhone 4问世，全球个人电脑出货量首次不敌智能手机出货量，标志着全面进入移动互联网时代，华为也不得不进行客户结构调整。华为随即重新梳理业务部门，原按照业务类型将组织结构划分为设备、终端、软件服务等部门，这次完全转向客户和市场，业务集团根据客户类型划分为企业、运营商、消费者三大类。每个业务集团作为直接面向客户的主力作战部队，对业绩目标和客户满意度负责，为华为的业务增长和效益提升承担责任。这其实代表了未来组织变革的广泛趋势——以产品为中心转变为以客户为中心。在移动互联网时代面对市场客户与用户，需要组织结构更贴近市场、反应更及时、服务更灵活、系统更完善、服务意识更深入的企业价值理念。

3.激发需求引导创新潜力

迈克尔·波特（Michael Porter）指出：当本国消费者不能为企业的创新提供压力时，这个企业在创新竞赛中胜过外国竞争对手是很困难的。企业在从需求入手进行创新时仍面临以下痛点。首先，供给端转换滞后抑制高水平需求的有效释放。供给端转换滞后于需求升级，具有个性化特征的高水平需求难以靠传统规模化生产经营方式得到精准满足，供给端错配明显，抑制了高质量需求的有效释放。其次，企业传统运营模式制约了前瞻性消费偏好的实现。大部分企业仍没有建立起以消费者为中心的产品设计、生产、售后的全流程运营体系，产品创新过程中无法反映消费者前瞻性的偏好和诉求。最后，大量企业依赖"以价换量"的获利模式，挤压更高水平创新的市场空间，没有建立创新的长效发展机制。

如何激发需求来引导创新的潜力？首先，企业应推进运营与研发模式的数字化转型，构建企业与消费者有效互动的需求驱动创新模式，建立信息化的运营平台和组织架构。让挑剔型消费者通过数据方式参与到产品构思、测试和改进等环节，放大高端需求，引致创新功能。其次，企业应推进发展产业互联网，充分利用其预测需求、按需生产、精准匹配产能的重要功能，化解供给端转换滞后的问题，使企业以低成本挖掘前瞻性需求，并通过柔性生产系统大规模量身定制，有效满足个性化高端需求。最后，企业应对组织结构不断进行升级调整，组织管理要灵活跟随业务变化，聚焦客户，敏捷高效，资源投入要匹配业务需求。

第 3 章　第二增长曲线实践：大创新

如果说企业在探索第二增长曲线过程中的小创新，多体现为运用产品升级、技术创新以及市场扩张等战术创新增加机会；那么大创新就主要体现在基于自身能力、资源的跨行业经营，进行多元化产业布局和战略创新，以保证持续的竞争力。跨行业的大变革很难脱离原有业务，企业或通过自建团队摸索入局，或通过产业投资上下游布局，或通过并购业务真正构筑企业第二增长曲线。这也是那些百年老店、伟大企业能够基业长青的秘密所在。

第 1 节　组建团队逐步进入新行业

1. 搭建新团队，躬身入局

如今被人熟知的锂离子电池负极材料龙头企业杉杉股份，在1996 年上市时被誉为"服装第一股"。当时，杉杉股份在西服市场的市场占有率在国内常年稳居第一，但高瞻远瞩的掌门人郑永刚敏锐地嗅出了服装行业的瓶颈并开始谋划转型之路：任何产业都有周期性规律，行业好的时候，我已经在准备下一个周期了，旧的产业衰退，新的产业已经起来了。郑永刚谋篇布局的新产业就是新能源。杉杉股份分别在锂离子电池负极材料、正极材料和电解液领域成立了杉杉科技、杉杉能源、东莞杉杉。探索一个不甚了解的高科技行业本就是一步险棋，更何况是通过自建团队、招揽人才和筹备资源，杉杉股份的底气何在？

第一个答案是基于稀缺的科研成果。1999 年杉杉股份与鞍山热能研究院合作研究国家 "863" 项目——"中间相炭微球" 技术，并共同设立上海杉杉科技有限公司（简称 "杉杉科技"）。杉杉科技正式投产后，以同类产品一半的价格打破了日本企业对锂离子电池负极材料的垄断。2002 年杉杉股份又组建上海杉杉新材料研究院有限责任公司，引进一批专业人才开展研究工作。第二个答案是借助区位优势。杉杉股份原有的服装业务根植于宁波，而新业务都落户在上海浦东新区。作为高新技术企业，一方面能够充分吸纳上海的人才和资源，另一方面也能够享有税负减免，助力新能源产业更加快速稳健成长。第三个答案是解决员工的核心诉求。把炭素研究所的人才都迁到上海后，郑永刚曾说：对科研人员团队，一定要让他们安居、乐业、有股权；最早的三十多个员工买房子时，浦东新区房价只有三四千元，然后是帮助家属找工作，帮助孩子找学校，这样才能建立经得起时间考验的团队凝聚力。

正是这样的决心和魄力，杉杉股份最初摸索建立的业务历经蛰伏迎来回报。2007 年，智能手机时代的到来让 3C（Computer、Communication、Consumer, 即计算机、通信、消费）类电子产品对锂电池的需求量大增，杉杉股份连续几年低迷的锂电材料业务终于开始盈利。2013 年，随着新能源汽车行业的兴起，动力电池也带动上游材料进入了发展的快车道。杉杉股份锂电材料业务的营业收入从 2014 年的 24 亿元增至 2018 年的 70 亿元，杉杉股份的转型之路大获成功。

企业自己组建团队开启新行业，也许是因为一时没有合适的并购资产或标的企业，更可能是因为希望利用储备人力资源，从而掌握更多的自主权。一方面，自建团队的沟通效率高，受外界制约少，团队可以在相对较短的时间内充分讨论并执行战略；另一方面，业务贴合度高，自建团队本身处于所从事的业务或流程的一部分，对于整体需求的把握更为精准，与业务的实际要求匹配度更高，后期调整和优化也会更加灵活。

然而，自建团队成功转型的实例并不多见，这是因为有显而易见的难点。一是"招兵买马"难度大，所需的新兴业务的领军人很难招募。由于新行业存在进入壁垒和学习成本，企业甚至需要先花时间梳理单个人才需要具备的能力以及团队整体能力结构。以搭建一个较为完备的芯片研发团队为例，通常需要架构师、设计工程师、验证工程师等角色在各个环节紧密配合。二是存在"经验陷阱"。克莱顿·克里斯坦森（Clayton Christensen）在其著作《创新者的窘境》（*The Innovator's Dilemma*）中提到，在传统大企业内部新兴业务很难成长起来，是因为这些企业往往用发展传统核心业务的方法来发展新兴业务，新行业的探索可能受到过去失败经验的束缚，也可能受到过去成功经验的错误指导。三是存在"新老协同"的困难。新老业务左右手互搏，跨业务难协调，可能引发内部利益冲突，需要用"爵以功赏，职以能任"的策略来平衡新老团队，整合内外资源。

2. 借助技术优势，水到渠成

蓝思科技以玻璃屏幕代工业务起家。在苹果产品对供应链需求巨大的带动作用下，蓝思科技成为细分领域的龙头企业，总市值一度攀升至千亿元以上。当消费电子逐渐进入成熟阶段时，增量市场演变为存量博弈，包含蓝思科技在内的苹果产业链巨头不得不进行多元化转型。

转型的时机似乎早已到来，如何审慎地选择转型的方向与突破口而不至于陷入"病急乱投医"的境地是一个战略性难题。在玻璃面板材料和产品积淀多年的蓝思科技，顺势开启了在光伏玻璃与汽车车窗玻璃领域的布局。2021年11月，蓝思科技设立全资子公司湖南蓝思新能源有限公司，注册资本为10亿元，主营光伏玻璃产品业务，由此进军新能源光伏领域。此举显然是蓝思科技管理层深思熟虑后的结果。在公告中提到公司管理层对光伏行业和光伏玻璃等零组件细分行业进行了广泛、深入、充分的调研和准备，且公司已与多个光伏及光伏玻璃行业专家团队合作，组建了专业的管理团队，布局光伏领域。

从近几年光伏玻璃性能要求逐渐提升的发展趋势和蓝思科技在玻璃后段加工工艺的领先性来看，进军光伏行业的战略简直就是为蓝思科技量身打造的。首先，降本增效是光伏行业发展的明确方向，玻璃轻薄化是大势所趋。其次，光伏玻璃后道制程工艺规格升级，蓝思科技在对应领域有多方面的切入优势。以透光率为例，镀膜可以使光伏玻璃原片透光率大幅增强，而蓝思科技作为全球最为领先的镀膜供应商，在镀膜方面有着绝对优势，双面镀膜的AR玻璃透光率可以达到99%以上，一般的超白玻璃单面镀膜也可以轻易达到95%左右，远超已有传统光伏玻璃的产品级别。最后，光伏玻璃成长天花板高，蓝思科技可获得的市场份额相当可观。新能源车超薄车身玻璃的工艺路径与光伏玻璃有异曲同工之妙，都强调后道加工工艺的重要性，蓝思科技能够以其独特的优势顺利切入。

企业在开辟新的市场时，应当充分重视自己独特的技术优势，在更高成长天花板的领域施以所长。从生产手机玻璃跨界到光伏玻璃和汽车玻璃，正是蓝思科技自身工艺、技术储备的积累，以及对玻璃材料产品应用独特的理解，使得这种融合和切入水到渠成，顺势而为地打开了新能源领域的发展机遇。

第 2 节　跨行业股权投资拓展新业务边界

企业在探索第二增长曲线的过程中，还可以作为产业资本通过股权投资介入新行业，用资金换取新业务发展的时间和空间。国内半导体上市公司中，参与直接股权投资的公司占比达73.88%，直接参与私募股权投资基金的公司占比达67.68%。股权投资作为直接融资工具，是发展创新业态的重要力量。不同于传统实业的边界性和周期性，股权投资能够跨行业、跨地域、跨周期及跨国界与领先产业和企业进行合作布局。

1. 参与直接股权投资，进退自如

凭借网络安全成为中国互联网巨头的北京奇虎科技有限公司（简称"奇虎360"）自2007年开启第一笔投资以来，四处攻城略地，在不断通过股权投资完备自身"大安全"生态的同时，亦逐步拓展新的业务边界，投资企业数量和金额分别在2014年和2016年达到顶峰。奇虎 360 曾投资酷派手机、悦跑圈（跑步社交 App）、花椒（娱乐直播 App）和奶糖（短视频 App）。在移动端和内容端频频发力，累计完成超 250 笔对外投资，涉及行业包括企业服务、工具软件、文娱传媒、智能硬件和游戏等领域。随着自身主营广告业务的 PC 端流量见顶，奇虎 360 的营业收入和净利润分别从 2019 年和 2020 年开始下降。此时的奇虎 360 开始收缩投资战线，2019—2020 年间仅投了 12 家企业，2021 年仅对哪吒汽车出手三笔投资。奇虎 360 将对哪吒汽车的投资作为进军智能网联汽车安全业务的试水。

参与直接股权投资使企业能够根据时机灵活调整战略布局，必要时刻及时调整投资战线，用充盈的现金流来巩固企业在现有领域的领先优势。

2. 参与私募股权投资基金，跨行业突围

近年来，越来越多的企业参与私募股权投资基金，尤其是主营业务较为成熟、账面现金较为充裕的上市公司。这些上市公司既有资金实力，也有产业布局和外延发展的需求。私募基金行业自 2013 年纳入证监会监管，截至 2022 年 7 月底我国已登记的私募股权创业投资基金管理人有 1.48 万家，私募股权投资基金存续规模近 11 万亿元。2021 年，有超 50 家上市公司认购不同类别的股权类私募基金，合计认购金额约为 40 亿元。

大多数企业选择围绕自身产业链进行布局，也有不少企业将其视为跨行业突围的绝佳机会，投资于与自身主业不同的行业。房地产企业金地集团近年来频繁活跃在创投领域。据不完全统计，金地集团在股权投资领域对非房产标的已出资近 30 亿元，参投的基金标的中多次出现生命科学、生物医药、人工智能企业的身

影。在房地产遇冷的境况下，手握重金的房地产龙头企业进军私募股权投资领域，与知名 GP（General Partner, 普通合伙人）一道聚焦热门赛道，似乎是获得丰厚投资回报的好时机。但金地集团的野心远不止于此，其进行医疗健康产业布局的目标是"金地系统内三级医疗生态圈"，结合现有住宅和商业地产业务，打造自有综合医院、专科医院和诊所，形成金地内部三级医疗网络，以满足社区业主的医疗需求、提升自身品牌价值、赋能主营业务的发展。而在人工智能领域，2020 年年初金地集团联合被投企业达闼科技，在上海落地 666,666.67 平方米的人工智能产业园项目，开始建造"产业投资—联合获取项目—定制园区"的主题园区。以私募股权投资为抓手，打造多条增长新路径才是金地集团更大的战略目标。

上市公司参与认购私募股权投资基金，是拓展新业务边界的有效途径。第一，企业往往扮演投资者的角色，由投资机构担任基金 GP。投资机构作为 GP 可以充分发挥其专业能力和资源优势，弥补企业自身投资团队在陌生行业实践经验等方面的不足，还能通过分散投资的类型、策略、阶段和规模，实现风险可控。第二，通过提升资本运作能力和产融结合水平，可以增加企业投资收益；最重要的是，有利于企业捕捉不同行业的领先技术和业态。投资标的如果借投资方的产业资源孵化成熟，那么还可以成为上市公司日后进行跨行业并购的高性价比对象，即提前锁定退出渠道，从而降低退出风险，提高股权投资的安全边界。

3. 设立产业投资基金，多方共赢

不少龙头企业不满足参与私募股权投资基金，亲自斥资设立经过备案的产业投资基金，以获取更高的自由度和品牌影响力。

例如，从事传统输送带制造的宝通科技出资4亿元成立互联网产业投资基金，重点投资游戏、娱乐、文化等内容制作，欲转型至泛娱乐企业；智能物联网服务提供商达实智能设立医疗产业投资基金，开辟智慧医疗新场景；2015年上市的凯龙股份主营民用工业炸药制作生产，斥资1亿元设立新能源汽车产业投资基金，从化工企业转型为新能源汽车产业链。

在此过程中，各地政府也越来越多地参与到产业投资基金的投资，与上市公司共同开创多方共赢的新局面。一方面，引入政府投资基金可以为上市公司的产业投资基金盘活更多的资源，例如，地方政府的信用背书有利于吸引更多银行资金；另一方面，政府投资资金本身具有引导性，通常重点投资战略性新兴产业和先进制造业，且有一系列配套措施着力解决创投市场资金供给不足、企业创新动能较弱等问题。

相对于直接并购，通过股权投资、基金的形式布局投资，具有多方联合、优势互补、风险共担的优势，但同样对管理人的行业经验、管理能力提出挑战。过往案例中，不少上市公司因发起设立或参投产业投资基金被交易所问询，因此上市公司在基金布局时需要特别留意，提前就基金的管理模式、决策机制、参与主体及权利与义务、收益分配机制等事项达成一致；对私募基金管理人进行尽职调查，明确与关联方的关系，若存在关联方，则需要做好披露准备；最重要的是，审慎判断投资行为对企业经营的影响，例如思考投资领域与上市公司主营业务是否存在协调关系、上市公司是否有能力承受投资亏损和内部风险管理措施是否充足等问题。

第 3 节　跨行业并购：快速进入新行业

并购是企业获得新业绩增长点的途径，也可以为进入新行业打开窗口。尤其在当前市场环境下，单一的经营方式很难长久持续地发展，越来越多的企业选择跨行业并购进军新兴产业，为原有业务注入新鲜血液。

1. 独立运营，双主业并行

企业在谋求转型时，通常青睐盈利和现金流都不错的标的。国内"空间环境艺术设计第一股"华凯创意于 2019 年 6 月宣布购买易佰网络 90% 的股权。彼时，获得国家政策高度支持的跨境电商整体处于高速发展期，其对传统外贸的替代效应越来越明显。易佰网络作为一家供应链整合型的跨境电商企业，早在 2013 年就前瞻性地布局了海外仓，2018 年营业收入和净利润分别实现了 98.20% 和 108.30% 的增长。而华凯创意主营业务遭遇天花板，出现了业绩下滑的情况。华凯创意与易佰网络整合优化，意在打造新的利润增长点。由于并购业务和主业之间存在一定的跨度，华凯创意采取了双主业运行的思路：跨境电商业务由易佰网络原运营团队独立负责，华凯创意在企业治理方面施加影响。

2. 彻底转型，步入新蓝海

2011 年开始，国内纺织服装行业面临成本上涨压缩利润空间、电商改变销售渠道格局、国际品牌不断渗透的困境，可谓是

"内忧外患"。在此情形下，不少业内上市公司通过并购彻底转型。"A股高端女装第一股"朗姿股份累计投入近20亿元，在婴童、美妆、医美等领域全面拓展，最终形成了时尚女装、医疗美容和绿色婴童三大主业并进的战略布局。而朗姿股份依托上市公司的龙头地位，有望通过更丰富的投融资渠道和更强的行业影响力对行业中分散的小企业进行降维打击，在行业市场规模增长和集中度提升的过程中双重受益。2015年凯撒股份收购酷牛互动、天上友嘉、幻文科技三家网络游戏公司，意欲转型为互联网游戏运营商。曾经背靠国务院的中国服装也早早通过借壳转型成为化肥企业，更名为"新洋丰"。

3. 外延扩张需与自身发展适配

资本市场往往愿意给予跨界开发第二主业的企业更高的估值，因此广泛迎合资本市场会引发多元化并购交易过度繁荣的现象，例如以高比例股票质押、高频借贷来追逐资本市场上热门行业标的。很多人相信，随着并购的完成，企业业绩增速加大，会迎来戴维斯双击，企业市值可能会迎来几倍甚至十几倍的增长。特别是主业遭遇发展瓶颈的企业，可能将给资本市场讲述动人的跨行业并购故事作为解药。此举即使能对市值和业绩注入一时的"强心剂"，但盲目多元化资本扩张长期势必会导致业绩下滑、上市公司利益受损。

麦肯锡的调查数据显示，企业并购的成功率仅为39%，而公开数据表明，跨行业并购的失败率更是行业内并购的失败率的2.5倍。惠普2012年出价110亿美元收购英国软件企业Autonomy，一年后承认当初做出了错误的决定，不得不计提商誉减值90多亿美元。

我国 2013 年以来 A 股的并购浪潮也导致大批企业在 2018 年纷纷计提巨额商誉减值，尤其是传统企业在互联网领域的跨界并购。例如从事水泵生产的利欧股份，希望从传统制造业谋求"外延式"发展，2014—2016 年间先后收购了上海漫酷、上海氩氪、苏州梦嘉等数字营销企业，开启跨界数字业务之路，商誉也陡然增至 39 亿元。然而，并购标的的业绩并没有像预想中的协同向好。2018 年利欧股份计提商誉减值 18.1 亿元，股价也从 2016 年将近 6 元的水平下跌至 2019 年年初不足 1.3 元的水平。单依靠互联网数字化的浪潮，不结合自身企业实力的高溢价并购，大概率会导致商誉暴雷。

资本市场监管新规的出台重拳出击投机主义并购，鼓励基于产业整合的并购重组，由此并购交易结构持续优化，以做大做强为目的的产业并购的地位快速提升，资本扩张逐渐走向健康、理性。资本扩张必须以树立企业自身核心竞争力为前提进行，跨行业并购首先必须符合企业自身的产业发展逻辑，围绕产业链布局，基于企业的战略价值和财务价值，与企业自身能力和资源相匹配，必须依据自身发展状况，量力择时，切勿顾此失彼。因此在各种资本利益诱惑与时代机遇下，上市公司需制定清晰的符合企业价值增长的资本扩张战略。

4. 并购后的整合能力是成败的关键

企业是否具备并购后的整合能力是决定跨界并购能否成功的重要因素。部分企业在并购时没有系统性思维，并购后也没有完善的策略规划，仅指望通过业绩对赌来控制风险。对赌协议只能在初期帮助收购方降低信息不对称导致的"看错买贵"风险，并不能替代业务整合。标的企业会想尽一切办法兑现业绩承诺，甚至牺牲长期利益，一旦没有业绩压力，很可能导致业绩大幅下滑，此时一笔高昂的减值费用对于收购企业是不可避免的。

主要从事化工业务的联创股份从 2015 年开始跨界并购互联网广告企业，三年间耗资近 40 亿元先后收购上海新合、上海激创、上海麟动、上海鏊投 4 家企业，商誉从 2014 年的 400 万元激增至 2017 年的 32.7 亿元。联创股份的归母净利润在业绩承诺期内分别以 383%、554%、84% 的速度增长，但在业绩承诺期刚过后的一年便急转直下。为此，联创股份不得不在 2018 年计提 21 亿元资产减值损失，导致后续两年发生数十亿元的亏损。2020 年开始，联创股份作价 1 元无奈出售当年以 13 亿元收购的上海鏊投。由于收购之后联创股份并没有建立起基于移动端及新媒体的传播矩阵，4 家子公司也没有整合营销能力以产生正向协同效应，跨界互联网广告业务以失败告终。

大手笔横向并购与其主业关联度不高的企业时，人才储备不足、运营经验欠佳会导致消化不良，甚至对企业原有业务造成负面影响，潜在的风险远大于潜在的机遇。所谓"隔行如隔山"，跨行业并购可能面临经营的产品与服务、上下游目标群体、企业战略与管理经验等存在较大差异的问题，尤其当目标企业的行业专业性较强时，上市公司如果无法配备合适的管理队伍或进行过分干预，那么可能对目标企业后续持续经营能力和业绩实现起到负面作用。有学者分析了 700 多个跨行业并购案例后发现，并购给企业带来的负面作用大多在并购之后五年才体现。如何确保并购后资源得到有效整合，真正发挥出"1+1>2"的协同效应，并为企业注入活力，将成为跨行业并购的重要问题。本书将在后续章节结合具体案例进一步分析。

总的来看，跨行业并购需要运用前瞻性的战略眼光选择与自身能力、资源及发展阶段相适配的外延扩张性战略，基于培育企业核心竞争力，围绕产业目标追求新增长。这样不仅能提升企业收入以及利润规模，也能帮助企业获得如客户资源、管理团队等附加价值，充分整合资源，形成协同效应，实现规模经济。

第4章 第二增长曲线实践：
股权投资与股权并购

随着全球化的重构与经济数字化转型的加速，企业发展面临着前所未有的挑战。伴随着企业对所在行业的产业链与价值链的整合与重构，新的股权投资与股权并购时代随之来临。就全球公司发展趋势而言，传统行业巨头基于产业链的横向与纵向整合并购、基于供应链进行的跨界并购、基于价值链进行的转型升级并购，都使得传统行业的集中度越来越高，头部效应越发明显。而在第四次技术革命推动的产业转型升级以及全球化退潮带来的公司整合重组背景之下，股权投资与股权并购也成为企业做大做强、度过危机、转型升级的重要战略，也是企业寻找第二条增长曲线的最佳路径。

纵观那些伟大的企业，几乎都是"比翼双飞、并驾齐驱"的企业。一方面依靠科技创新不断扩大市场，做大做强；另一方面通过股权投资与股权并购迅速做大或进入新的领域，寻找第二增长曲线。二者虽然都是企业基业长青的秘诀，但相比于创新驱动，股权投资与股权并购更为直接、迅速，效果更为明显，成功率也更高。

股权并购的主要目标在于掌控被并购公司的控制权，使得并购公司可以有效地主导被并购公司的未来发展方向。形成业务协同或被改造，这是快速实现第二增长曲线的主要模式之一。而股权投资更多是出于战略投资、生态布局、赋能等考虑，通过生态投资，进一步完善生态圈，发现新的业务方向，进入新行业。股权投资对于寻找有潜力的第二增长曲线具有不可替代的作用。

相对于普通股权投资，股权并购在交易结构、监管、交割方面实操更为复杂，接下来我们将重点围绕股权并购展开相关讨论。其中的尽职调查、估值等内容对普通股权投资也同样适用。

第1节　行业选择

进行跨行业股权投资与并购的第一步是选择投资行业，进而针对预期收益和风险形势进行深入测算和分析。换言之，投资的关键在于选对行业。

1. 行业研究的基本要素

行业研究指利用经济学研究的工具，如统计学、计量经济学等，对行业的基本状况包括生产、销售、消费、技术、行业竞争力、行业政策等进行深入的分析，进而发现行业的内部运行规律，从而预测行业未来发展趋势。行业研究的基本要素是行业内企业发展的根基，它对企业未来的发展起到了基础性的作用，有非常重要的意义。行业研究的基本要素包括行业整体的发展状况、整体市场规模及发展趋势、竞争格局与标杆对手、客户与机会分析、行业商业模式与趋势、发展机会分析。

2. 行业研究的步骤和内容

投资前行业研究主要从以下五个方面来进行。

（1）行业的宏观环境研究

首先，有必要探究行业对于经济环境、宏观调控、出口增长和投资增长的依赖程度。其次，需详尽研究行业的格局，明晰市场竞争类型为充分竞争、寡头竞争还是寡头垄断，以及竞争企业多为国有企业还是民营企业。最后，需剖析行业的发展阶段，明确行业当前所处阶段为初创期、增长期、成熟期还是衰退期。各阶段行业发展特质迥异，故相应的战略也不尽相同。

（2）业内知名企业现状

行业内颇具声望的企业的发展状况对于目标企业的未来发展有一定指引作用，因此进行投前行业研究时需要关注业内上市公司的数量、经营情况、收益率、市场占有率、是否诚信经营、是否存在亏损等内容。如果行业存在较少上市公司或者尚无上市公司，则需要分析原因，以及未来龙头企业上市的可能性。

（3）行业前景预测和判断

对行业前景预测与判断可分为三个维度。首先，分析行业的市场容量，以及未来市场容量的变化量。其次，分析市场上消费者的群体偏好、收入等因素，这些因素往往关系到企业的生产成本，以及未来可能的收益。最后，还要对行业进行细分，并具体深入地分析影响其未来发展的因素。

（4）行业的制约因素

行业所面临的制约因素有很多，包括但不限于原材料及供应商、人力资源与劳动力成本、技术创新与知识产权保护、替代产业与技术、市场需求与消费者的迁移等。值得注意的是，行业的制约因素并不等于项目的制约因素。有时一些制约因素的存在可能降低了行业其他企业的竞争能力，而对拟投资项目而言，这些制约因素的存在反而成为项目发展的优势。

（5）关联行业的发展态势和影响

关联行业可以简单地划分为替代、互补、供应、消费等行业。关联行业的发展态势和影响与项目的发展有密切的联系。例如，分析自行车行业，自然会考虑电动助力车行业、公交行业（公交出行方式）等关联行业。

3. 快速建立对行业的感性认识

在宏观层面，常用的行业分析方法包括 PEST 分析法。该方法主要分析政治（P）、经济（E）、社会文化（S）、科技（T）方面。基本上产业的一切环境条件都是分析的基础。在微观层面，通常把一个企业当做研究的个体，以它作为研究对象和切入点。将企业自身的发展与整个行业的发展结合在一起，分析出企业的 SWOT——优势（S）、劣势（W）、机会（O）、威胁（T）。

在具体操作上，可采用 PEST 分析法对具体项目进行细分。在资料收集过程中，务必客观、尽所能地获取所有数据，并按照 SWOT 的方式有序排列。大型企业，尤其是上市企业，每年都会进行产业分析并发布年度报告，因此可以企业年度报告为基础进行深入分析。特别要关注市场未来的发展趋势，这是因为产业分析往往与市场分析相互依托，二者密切相关。

4. 潜力行业推荐

通过总结这些年的投资经验，加上对中国经济的深入分析，我们认为未来几年新能源、商业航天以及智能制造行业将会迎来较大发展空间。

（1）新能源

我国新能源产业背靠国家级战略支持，通过不断的技术创新获得了全球影响力。如今我国新能源汽车保有量占全球的 50%，锂电产业和光伏产业已成为全球最大的产业集群。当下，地缘政治冲突加速能源转型，是新能源科技创业与投资的最佳时机。相关产业包括可储能系统、再生能源、动力电池、整机厂、充换电、电池回收等，涉及环节和参与者众多，投资方可以通过以下路径寻求突破。突破路径一：向产业链上游追溯，关注决定能源器件性能的先进材料与核心装备。以锂离子电池为例，高镍低钴／无钴三元正极材料、碳／合金等高容量负极材料、耐高压隔膜和电解液等方面的突破性技术成果，或是能够实现动力电池规模制造、配套检测、品质升级的国产化装备等，都是能够从上至下改变行业格局的颠覆式创新。突破路径二：寻找持续降低成本的创新解决方案。光伏的度电成本 10 年间累计下降近 90%，低成本的可靠供应是新能源迎来大规模需求、爆发式增长的前提。能够持续降低成本的创新包括固态电池、钠离子电池等技术路线创新，正极超高镍、负极预锂化等材料体系创新，电池底盘一体化等封装结构创新，充换电聚合网络等商业模式创新。突破路径三：关注下游回收、梯次利用与资源再生等循环产业。2021 年《政府工作报告》中强调"加快建设动力电池回收利用体系"。未来动力电池和储能电池报废量将攀升，回收有助于突破资源约束、构建电池产业链闭环，回收再利用的技术创新和渠道布局将带来更大的市场。

（2）商业航天

20 世纪全球航天市场的繁荣源于美苏博弈，而如今新一轮繁荣则来自技术创新驱动的高性价比、高灵活度的商业航天。以SpaceX 为代表的可回收复用火箭、一箭多星技术革命性地降低了航天器的发射成本，星链网络的广泛部署为通信卫星应用打开了市场空间。我国自 2015 年明确鼓励民营企业发展商业航天以来，逐渐形成了政府主导与市场推动相结合的合作形态。众多民营公司在火箭研制发射、卫星星座建设、地面卫星测控等方面不断取得突破，商业航天产业未来十年的市场规模预计将突破十万亿元，将迎来液体运载火箭、智能卫星组网、低轨卫星通信、"双碳"遥感卫星等众多市场机遇。投资者可重点关注以下领域。一是火箭制造与发射。由于技术壁垒极高、资金投入极大，将呈现少量头部玩家主导市场的格局，目前多数沿着固体火箭先发射入轨、液氧火箭规划研制的路线，谁能率先实现入轨并顺利回收火箭，谁就能复刻 SpaceX 低成本的成功经验。除了直接提供火箭发射服务的公司，3D 打印、可视化制造软件等先进制造工具也将迎来发展的机会。二是卫星制造与运营。按照卫星用途分为遥感、通信和导航三大类。遥感卫星具有用途广泛、无轨位限制、制造发射成本低等特点，在自然资源、军事国防、城市规划、农业水利等应用方面均有需求，亚米级分辨率和日级重访周期是下游应用方面重点关注的指标；通信方面，移动通信和卫星宽带增速可观，通信射频芯片等配套设备需求量大；导航方面，随着北斗三号完成组网，与云计算、5G 等技术融合创新，与智能驾驶等行业融合创新，将创造新的行业增量。总的来看，火箭发射服务、卫星宽带、互联网、遥感服务，以及衍生应用市场成长性巨大。

（3）智能制造

我国传统制造业具有基础完善、产能充沛的优势，如今的智能制造是传统制造向数据化、智能化、网络化的升级。技术迭代辅以更科学现代的生产流程和管理体系，能够实现由量到质的突破、从有到优的升级。近年来，增材制造、工业机器人、智能传感器等潜力赛道不断涌现。具体来说，投资者有以下潜在关注点。关注点一：以 5G、物联网、大数据、云计算为主的数字化基础设施。无论是智能网联汽车还是工业智能控制，实现智能化的一个重要支撑，就是将信息通信系统与物理运行系统打通，以数据为关键要素，优化资源配置，以新一代信息技术的发展作为效率提升和降本增效的关键支撑和重要动力。关注点二："光、机、电、算、软"一体化解决方案。以 AI 算法对大数据进行分析，再加上智能软件、知识图谱、光学成像、机器视觉、自动化控制等一系列技术配合，实现智能化生产工艺管理、设备管理、产能管理，在精度、效率、可靠性、柔性等方面赋能生产流程。关注点三：优先布局需求刚性、国产替代的下游细分赛道，例如对制造业的日常运营和数字化转型起着关键支撑作用的工业软件、核心制造技术。

第 2 节　团队评估

1. 负责人评估

对负责人进行评估，一是需要判断团队负责人的可靠性。首先，需要评估其道德水准，观察其对待朋友、家人和员工的态度。若其不孝顺父母、不敬重朋友、不关心爱人，且对待员工过于苛刻，则其大概率是不可靠的。其次，需要观察他所领导的团队情况。若团队凝聚力低下，员工对企业心存不满，则说明该管理者的能力有限，或许无法带领企业取得更大的成就。最后，要考察他的胸怀。胸怀宽广的人通常能够凝聚团队，留住核心人才，并使员工全心追随企业；同时，在坚持自身理念的同时，也懂得倾听不同的意见，带领企业不断进步。这样的人投资者可以放心合作。我们可以从企业的股权结构和薪资结构来了解企业家的胸怀：若企业的股权由企业家和团队共同所有，则说明该企业家胸怀宽广，能真正为事业付出努力。另外，需要观察他对待金钱的态度，如果企业家只关注投资金额的大小，对员工吝啬小气，那么他很可能缺乏长远的战略眼光。

二是要判断企业家的社会责任感。企业源自社会，因此作为企业家，不仅需要带领企业创造利润并履行对股东的责任，还必须担负起对国家、对员工、对消费者、对社区和环境的社会责任。社会责任感具体体现在依法纳税、遵守商业道德、关注生产安全、保持职业健康、保护劳动者的合法权益、保护环境、支持慈善事业、捐助社会公益等方面。

社会责任感包括以下几方面。①创造利润的责任。创造利润是企业家的首要责任。企业要生存就必须创造利润。只有不断创造利润，企业才能发展壮大，才能实现经营目标，才能为社会创造财富，给投资者带来收益。因此，带领企业创造经济利润，是企业家首要的社会责任。对投资者而言，创造利润的责任往往来自股东利益驱动，表现为如何对投资商负责。部分管理团队在吸引投资时信誓旦旦地承诺业绩，一旦未能兑现，便以多种理由搪塞，或者毫不顾及地退出，导致投资者承受巨大的损失。②遵纪守法的责任。遵纪守法的责任指企业家在经营过程中遵守国家的各项法律法规，比如依法纳税，依法给员工缴纳社会保险，依法支付工资，依法承租合同责任，依法履行环保义务，依法接受工商、税务等机构的管理等。企业遵纪守法本身也是对股东负责。如果企业触犯法律，那么轻则被罚款，重则可能使企业面临清算解散的风险，严重影响投资者利益。③道德责任。道德责任，是企业在经济活动中对社会或他人所承担的道德义务，多指遵守社会公德，以及由个人内心信念所形成的价值约束原则及行为，没有严格的标准。道德责任从企业内部来讲，主要包括关爱员工，改善工作环境，保障员工生命安全和身体健康；为员工提供各种培训机会和升职机会，关注员工的职业发展；组织各种文娱活动，让员工获得身心愉悦感；提高工资待遇，让员工分享企业发展的成果。从企业外部来讲，包括遵守商业道德、诚实守信、平等交易，以及尊重自然、保护环境、节约资源和能源等。④社会责任。社会责任主要指企业在发展壮大后，回馈社会的责任，比如捐助贫困山区、救助社会弱势群体、支持环保、支持国家公益事业等。

2. 核心团队评估

企业团队中，不可或缺三种人才：懂产品、懂技术、组织能力强的"孙悟空"型人才；认真负责、执行力强的"沙和尚"型人才；善于交际、懂市场推广的"猪八戒"型人才。只有通过能力互补，才能使团队优势最大化。

此外，团队人员的凝聚力和勤奋程度也至关重要。在企业蓬勃发展的道路上，协同合作的团队精神和勤奋不辍能够为企业持续发展提供有力支撑。与此同时，管理团队也要具有合理的结构，包括学历结构、年龄结构、专业结构等，这些因素决定着企业在当下及未来的组织执行力。一个优秀的团队能奠定企业成功的基石，能在企业面对困境时百折不挠。优秀团队的特征见表4-1。

表 4-1　优秀团队的特征

特征	具体表现
目标清晰	清楚企业发展目标，愿意为实现目标价值付出努力
相互信赖	成员之间团结友好、相互信任，对彼此的能力、品行都确信不疑
技能精湛	团队成员具备实现目标所需的技术和能力，并且能互补
高度忠诚	团队成员表现出高度的忠诚，全身心支持企业发展
责任明确	团队成员职责划分明确，大家都知道自己的责任
交流畅通	团队成员之间、管理层与下属之间交流信息畅通
内部支持	从内部条件来看，团队拥有合理的基础结构和激励制度以支持团队成员取得良好业绩。这包括适当的培训、易于理解的并用以评估员工总体绩效的考核系统，以及起支持作用的人力资源系统
外部支持	从外部条件来看，管理层应给团队提供完成工作所必需的各种资源，包括但不限于基本市场资源、竞争对手信息等

第 3 节　股权投资与股权并购

1. 股权投资

现如今，几乎每家成功企业的背后都有一个或多个投资机构的支持，比如百度的成功离不开美国风险投资商——德丰杰"e星"的支持；腾讯的成功离不开 IDG 的支持；锦江之星的成功离不开弘毅投资的扶持；京东的成功，和最初"慧眼识英雄"的国内投资商——今日资本息息相关。可以说股权投资机构就是企业成功的幕后推手与原始推动力。

股权指投资人向公民合伙人和企业法人投资而享有的权利，是股票持有者所具有的、与其拥有股票比例对应的权益及承担一定责任的权利。股权内容具有综合性，包括股息或红利分配请求权、新股优先认购权、公司文件查阅权、表决权、对董事及高级职员监督权、召开临时股东会请求权等。股权是出资者向公司出资，以丧失出资财产所有权为代价而取得的一种权利。

股权投资是为参与或控制某一公司而投资购买其股权的行为。可以发生在公开的交易市场上，也可发生在公司发起设立、募集设立阶段，还可发生在股份非公开转让阶段。股权投资主要目的有：获取收益，包括获得资本利得和股利；获得资产控制权，通过资产的调度、调整和增值来获得利益；参与经营决策，以发现商业机会、分散风险；增加可流动资产、调整资产结构。

2. 股权并购

（1）股权并购的概念

股权投资即投资不控股，而股权并购是控股型投资。具体来说股权并购指一家公司用现金、资产、有价证券等购买另一家公司的股票或股权，以获得对该公司的控制权。股权并购是股权控股式收购。控股式收购的结果是并购方甲公司持有足以控制被并购方乙公司的股份，同时不影响乙公司的继续存在。乙公司组织形式仍然保持不变，法律上仍具有独立法人资格。乙公司持有的商品条码，仍由乙公司持有，而不因公司股东或股东持有股份数量的变化而发生任何改变。商品条码的持有人未发生变化，其使用权也未发生转移。由于控股式收购并不改变乙公司的组织形式，其仍具有独立法人资格，对外独立承担法律责任，因此，除法律有特殊规定外，乙公司对外的所有行为都应当以乙公司的名义做出，甲公司无权以其自身的名义代替乙公司对外做出任何行为，而只能在内部通过其持有的占绝对优势的乙公司的股份来行使支配或控制乙公司的权力。

（2）股权并购的特点

投资者通过股权并购获得标的公司（即被并购公司）的控制权，从而获得使用标的公司业务平台或取得标的公司业务机会的权力。通过并购标的公司，投资者可以获得的不仅仅是标的公司的经营利润，更多的是通过标的公司进入新的行业与领域，扩展新的市场，获得新的客户资源、技术与信息。该模式比公司依靠自研、自建要快速得多，成效明显得多。同时，也比股权投资模式要更有效，因为投资不控股模式下，投资者不能完全掌控标的公司，也就无法获得上述有关的隐形利益。

股权并购一般是控股型收购，以获得标的公司绝大多数股权或股票，一般持股比例超过 51%，但也存在其他控制形式。例如，虽然持股比例没有超过 51%，但实际上对标的公司形成了控制权。股权并购基本以获得标的公司控制权为目的，这是其与股权投资的显著区别之一。股权并购在完成股权交割后，需要对标的公司业务进行整合。没有整合，便难以达到收购的目标。然而，在现实中，收购容易，整合难。

（3）股权并购的优点

股权并购无须履行新公司的设立程序，仅需履行对标的公司的股权变更程序，可以减少新设公司的环节与费用，可以减少清点标的公司资产的麻烦。并购完成后，产品销售和业务开展的起步点变高，过渡期变短，利于新旧衔接。在股权并购模式下，标的公司名称不变、主体不变、产品销售的市场主体不变，仅股东发生变化，便于继承标的公司原有的产品销售渠道和市场份额以及业务关系，同时节省了员工招聘环节、培训时间和培训经费。

（4）股权并购的分类

股权并购具备多种操作模式和不同的并购目标。投资并购方必须根据自身的发展战略来选择合适的并购战略，并进一步确定具体的并购模式。在选择股权并购时，需综合考虑交易成本、审批程序以及交易结构等因素，以制订相应的股权并购计划。为了成功完成并购案，投资并购方需要全面系统地了解各种股权并购操作方案，以确保在并购交易中采取最佳的策略。以下将根据不同的方法对股权并购进行分类，并详细介绍具体的操作方案。

一是按并购双方行业关系分类。

按并购双方行业关系可以将股权并购划分为横向并购、纵向并购和混合并购。横向并购指双方处于相同或横向相关行业，是生产经营相同或相关产品的公司之间的并购。该类并购属于行业整合型，也就是合并同类项模式，有助于提高整个行业的集中度和行业效率，是公司做大做强的并购路径。纵向并购指像生产和销售过程处于产业链的上下游、紧密联系的公司之间的并购。该类并购模式是向上下两头延伸，做产业链的上中下游的整合与并购，属于价值链、产业链并购。混合并购指既非竞争对手又非现实的或潜在的客户或供应商公司之间的并购。该并购模式是公司既运用横向并购模式进行行业整合，又运用纵向并购模式进行产业链的深控和产业链的整合并购。

二是按股权并购方出资方式分类。

按股权并购方出资方式，股权并购可以划分为现金购买股票式并购与股票互换式并购。现金购买股票式并购指并购公司用现金购买标的公司的股票所进行的并购。股票互换式并购指公司直接向标的公司的股东发行股票换取标的公司股票而进行的并购，该模式的实质为换股。现金＋股票式并购指并购公司用部分现金、部分股票作为支付方式而进行的并购。

三是按并购公司是否利用自己的资金分类。

按并购公司是否利用自己的资金，股权并购可以划分为杠杆收购和非杠杆收购。杠杆收购指并购公司通过信贷融资获得标的公司产权，并以标的公司未来利润和现金流来偿还负债的并购方式。非杠杆收购指并购公司不用标的公司而使用自有资金及营运所得来支付或担保并购价金的并购方式。

四是按并购方控制被并购公司的方式分类。

按并购方控制被并购公司的方式，股权并购分为股权受让并购、增资并购、合并并购三类。股权受让并购指并购方通过受让被并购方股票或股权，从而成为被并购方的控制人。上市公司协议并购受让控股权就属于此类并购模式。增资并购，指并购方通过认购被并购公司的增资扩股而成为被并购方控制人。此类模式一般发生在初创公司的并购中。合并并购指并购方与被并购方进行合并，从而控制被并购方股权的并购模式，包括吸收合并与新设合并。

五是按并购战略目的分类。

按并购战略目的可将股权并购分为：产业整合并购、私有化并购、生态并购和转型升级并购。产业整合并购，指并购公司通过纵向、横向或混合式并购整合产业链、供应链及价值链。私有化并购包括两种模式：一种是指上市公司的控股股东、实际控制人通过收购其他股东的股权，使上市公司不再符合上市的条件而进行退市；另一种是指私营公司、私人资本对国有公司进行并购，使国有公司在收购完成后成为私有资本或私有公司控制的实体。生态并购指并购方是生态型公司或平台型公司，并购方围绕生态构建而进行的有关并购。转型升级并购指并购公司为了寻找新的增长曲线，为转型升级而对新行业企业进行的并购整合。

六是按并购方法分类。

按并购方法可将股权并购分为：影子并购、三角并购、倒置式并购。影子并购是一种间接并购，指在直接并购标的公司不能实现时，采取委托独立的第三方先收购标的公司，之后在合适时机再将标的公司转至并购方，实现对标的公司控制权的一种并购方式。

三角并购是一种特殊的并购类型，它以并购公司的股票作为主要支付手段，用并购公司的全资（控股）子公司作为并购的直接实施主体对标的公司进行兼并，从而实现"风险隔离"，达到降低运作成本、快速完成并购的目的。这些特点和优势使得三角并购在国内和跨国并购中被广泛运用。

倒置式并购是指公司通过改变注册地，从高税率国家迁往低税率国家，将原本应适用比较高的税率变成适用比较低的税率，以达到避税目的的并购方法。这种避税的方法一般通过海外并购后将业务转移的方式来完成。

第 4 节　尽职调查

尽职调查是股权投资与股权并购的一项重要工作，它是制定股权投资并购框架协议的重要工作内容，是正式合同谈判的重要依据，是双方达成契约的信任基石。

1. 如何开展尽职调查

尽职调查是投资并购方在公司投资并购中享有的一项权利。

那么投资并购方应当如何行使权利呢？首先，投资并购方不要将自己的调查权利与出让方的信息披露义务对立起来。实务中，在有关合同或协议中，以交易方的尽责披露为主要信息来源，以投资并购方的调研为辅助信息来源。其次，有针对性地开展尽职调查，而不是全方位地调查。例如，可以针对标的公司的市场份额、核心技术、管理团队等重点进行调查。最后，针对交易方披露中发现的问题或疑点进行调查。例如要求交易方补充披露或者重新披露，或者派专人进行专项调查核实。

正确进行尽职调查可以促进交易方的尽职披露，可以补充尽责披露的遗漏，可以使投资并购方掌握更多的关于标的公司内部更深层次的信息、更贴近事实的信息。因此，投资并购方应当根据标的公司的情况、交易方披露的情况，有针对性地行使自己的调查权。这不仅包括对真实情况进行了解，也包括要求披露者有针对性地补充披露，有针对性地补充说明，有针对性地进行书面保证。实际上，要求交易方进行披露、接受并研读披露的资料、要求交易方进行补充披露、对疑点进行调查都属于尽职调查的范围。

投资并购方对标的公司的尽职调查可以根据标的公司的情况成立法律组、财务组、业务组等同时进行调查。这些小组调查需要分工协作，各自负责对应专业的板块，但是信息需要共享和核对，互相补充。实务中，对标的公司的调查应该有针对性，结合收购目的和潜在问题来开展。

2. 尽职调查的方法

尽职调查的方法，从实务上看，一般先是投资并购方向标的公司出具一个尽职调查清单，标的公司据此提供对应的资料、账册、文书、表格、名册、证书等，使得投资并购方全面获取标的公司的相关信息。这些原始资料尤其是财务方面的文件和资料通常会被作为股权投资并购合同的附件。

实务中，标的公司如果无法提供原件则需要在复印件或撰写的文件上签章，证明资料的真实性。大多数标的公司都会准备一个专门的尽职调查室，以供投资并购方及中介机构进行尽职调查。资料会在收购团队进场之前按照尽职调查清单分门别类地准备好，放在尽职调查室，以供研读和查询。在这种情况下，投资并购方为了规避交易风险，应当尽可能多地将其中的重要资料提升为正式股权投资并购合同的附件，以便起到固化信息的作用。

除此之外，投资并购方还会采用书面询问的方法，要求交易方对重要问题进行书面答复并签章。收购中用的最多的方法就是访谈。投资并购方会在访谈之前准备好访谈清单，对创始人、高管、技术负责人、销售负责人等进行访谈，同时做好访谈纪要，并签字确认，这样也可以起到固化重要信息的作用。无论收购双方以哪种方式进行尽职调查，前提和基础都是投资并购方拟定的尽职调查清单。提供信息的标的公司也应当依据尽职调查清单对资料进行分类整理。这样有利于尽职调查工作高效进行，而且这种配合本身也体现了标的公司的管理水平，从而给投资并购方留下良好的第一印象。

在标的公司为上市公司的情况下，投资并购方可以通过公开渠道获取标的公司的信息。这种尽职调查方法是最简单直接的。

投资并购方可以组建自己的法律、财务、业务等团队进行尽职调查，也可以委托专业的会计师事务所、律师事务所等中介机构进行尽职调查。不管采用哪种方式进行尽职调查，都应当事先统筹做好尽职调查清单。如果聘请专业的中介机构，就由律师事务所出具法律尽职调查清单，会计师事务所出具财务尽职调查清单，而公司业务部门会出具全面的公司尽职调查清单。这些清单都是由投资并购方和中介机构一起拟定的，这样可以提前沟通好投资并购方尽职调查的重点，还能避免尽职调查内容的重复，方便合作更加顺畅。尽职调查清单内容也会依据尽职调查的情况持续补充和完善。尽职调查的方法包括现场察看、阅读资料、调查取证、拍照录像、召集会议、访谈笔录、研究分析等。

在某些情况下，单纯依靠上述方法无法解决全部问题，这时可能需要采取特殊方法进行调查。实务中，这些方法可能包括：以公告的方法要求权利人申报权利，以保证、承诺的方式要求表见权利人确认真实权利人并承诺为资产办理过户，要求利益相关人做出确权声明等。

公司尽职调查工作是投资并购方初步确定投资并购标的公司之后的重要工作。调查工作在股权投资并购框架协议签署之后全面展开。投资并购方应当处理好尽职调查权利和被投资并购方信息披露义务之间的关系，将两者有机地结合起来，合理地享有要求被投资并购方尽职披露的权利，正确地行使自己尽职调查的权利，灵活、高效、有针对性地采取多种尽职调查方法，实现尽职调查的最终目的，保护好投资并购方的权益。

3. 尽职调查的时间安排

就投资并购实践而言，大多数投资并购项目会先签署保密协议和框架协议，随后进行尽职调查，并紧接着展开谈判，最终达成合同签署。然而，也有一些项目会在先签署合同后再进行尽职调查。

先进行尽职调查，然后谈判签署合同，符合对标的公司的认识规律，有助于防范投资并购风险。这种工作顺序可以使投资并购方在订立合同前对交易标的有充分的认识，也让投资并购方有机会根据尽职调查获得的信息，做出包括放弃交易、改变收购模式和交易路径、要求对标的公司进行重组等重大决策。股权投资并购过程中存在很多不可控因素，若在签署正式合同后再进行尽职调查，投资并购方将丧失很多调整的机会。

确定尽职调查具体的时间安排，须依据标的公司的规模、分支机构、对外投资情况、历史沿革、业务和产品等情况而定。一般而言，若公司规模大、产品门类多、业务复杂、对外投资多、分支机构多、历史沿革长则会导致尽职调查时间变长。标的公司本身情况决定了尽职调查的时间，同时投资并购方的目的和方案也决定了尽职调查时间。如果投资并购方仅针对标的公司部分业务进行收购，比如只收购简单的业务模块，或剥离部分业务来收购，那么尽职调查时间相对较短。

另外，被投资并购方的配合度及专业程度也会影响尽职调查的时间。一般来说经历过尽职调查的公司，会懂得如何与投资并购方沟通协调，对资料的归类和整理都很熟悉，甚至有专业的融资团队准备好尽职调查资料，那么尽职调查时间会缩短很多。尽职调查现场一般应完成对资料的收集和核对，对创始人、高管、核心团队成员进行访谈，对业务生产线进行实地考察等，这种现场尽职调查一般维持 1—2 周。大部分的尽职调查工作是非现场的分析、研讨和论证，比如对未决诉讼和处罚的论证、对业务订单真实性的论证、对关联方和关联交易的调查、对市场占有率的论证等，这些都非常耗时且时间是不可控的。不过，一般双方会在框架协议中约定一个时间表，约定完成尽职调查的大概时间。实操中整个尽职调查时间会控制在 2—3 个月，包括中介机构出具尽职调查报告的时间（中介机构出具报告所需时间长的要一个多月，短的也需要 1—2 周，财务尽职调查报告尤其耗时）。

总之，尽职调查的时间安排取决于标的公司，取决于投资并购双方的合作情况，更取决于信息披露方能否全面、准确、及时、真实地披露相关信息。

4. 尽职调查的主要内容

投资并购双方交易的标的是股东对标的公司的权益，因此，在投资并购中尽职调查的内容也应围绕股东对标的公司权益及交易安全展开。

（1）登记情况

在投资并购中，投资并购对象是标的公司，因此投资并购方有必要在尽职调查阶段对标的公司的登记情况彻查清楚。这时需要索取标的公司的营业执照、公司章程、改制文件等复印件，掌握关于标的公司的如下信息。

一是标的公司的注册资本和实收资本。注册资本也称登记资本，是公司全体股东承诺对公司出资的总额。实收资本是公司全体股东已经向公司缴纳的出资总额。最低注册资本制度则是公司成立时股东缴纳的注册资本不得低于法定最低限额。我国法定最低注册资本制度在《公司法》颁布前就已经确立。《民法通则》第四十一条要求取得法人资格的"全民所有制企业、集体所有制企业有符合国家规定的资金数额"。1993 年颁布实施的《公司法》中第二十三条和第七十八条还规定了注册资本最低限额。2005 年颁布实施的《公司法》下调了最低法定注册资本金。2013 年颁布实施的《公司法》中原则废除了有限责任公司最低注册资本金制度，但授权法律、行政法规以及国务院决定对有限责任公司在必要场合保留法定最低注册资本金制度。虽然 2013 年《公司法》废除了最低注册资本金制度，实行认缴制，但是注册资本金和实缴资本金却是一个公司股东实力的象征。首付注册资本金很少的公司，在实践中将受到市场和债权人的审视与选择，在收购中也是投资并购方尽职调查的重点。注册资本由实缴制改为认缴制，不等于股东认缴注册资本以后，可以永远不实缴资本。股东在公司成立之后，必须按照公司章程约定的实缴时间、金额与方式等方面做承诺，及时足额地缴纳出资。如果股东未能按照公司章程履行出资义务，就要对公司、其他原始股东及公司债权人承担民事责任。所以，在尽职调查中应该注意：公司注册资本金是否到位，实收资本是否为注册资本；有关验资报告是否齐全有效；公司股东的出资方式，特殊出资方式及估值情况；拟转让股权的股东是否有违约情况，是否按照公司章程的约定缴纳出资到位；拟转让股权的股东是否有抽逃、虚假出资等情形。其中，要特别关注非货币出资的情况，审核作价是否公允，这关系到公司资本是否充实，也关系到公司财产是否真实存在、股东权益是否虚构。

二是标的公司股东及其持股比例。根据《公司法》与《公司登记管理条例》的规定，有限责任公司股东及其出资比例、股份有限公司的发起人及其持有的股份份额为公司登记事项的内容。据此，投资并购方应当在尽职调查中根据公司章程及备案资料查明标的公司股东或者发起人及其出资情况。

三是公司性质。公司性质是从公司所有制角度进行区分的。我国公司按所有制大致可分为全民所有制、国有控股或参股公司、集体公司、民营公司、外商投资公司等。公司的性质不同，投资并购所履行的程序也不同，比如投资并购国有公司必须报政府有关部门批准。

四是公司类型。企业按组织形式分为公司企业和非公司企业。对股权投资并购来说，投资标的必须是公司类型的企业。当然在纯粹转让股权的情况下，从理论上说投资标的也可以是有限合伙企业的有限合伙人。投资并购方在尽职调查时应明确公司类型，包括：判别是否适用于股权投资并购的模式；根据标的公司的类型确定投资并购工作的对应的程序，比如募集设立股份有限公司和上市公司的投资并购需要履行法定的特殊审批程序、上市公司的要约收购程序。

五是标的公司的经营范围。公司登记的经营范围指公司经核准的经营领域。公司必须将自己的主营业务限制在登记的经营范围之内。投资并购方在尽职调查阶段查明公司的经营范围及有关许可和批准文件有利于判断标的公司以往经营活动是否存在违法以及未来是否有遭受处罚的风险。投资并购方还应判断标的公司各项许可和批准文件是否在有效期内，以及投资并购方投资并购后能否续办；判断标的公司登记的经营范围是否满足投资并购后的经营需要，如果需要变更或者增加经营范围，应当尽早与标的公司存续的股东进行商量，以便将变更或增加经营范围纳入标的公司公司章程的修改中。

六是标的公司的法定代表人。法定代表人是公司登记事项之一。查明公司法定代表人对投资并购谈判缔约过程具有重要意义。从股权投资并购来看，这些资料和信息都可以从标的公司的工商档案中获得。

（2）历史沿革

标的公司的历史沿革指公司自成立以来发生的公司改制、重组、合并、分立、增资、减资、股东或发起人变化、重大收购或出售重大资产的情况。在我国由于大多数标的公司成立的时间不长，从实务来看，一般需要对标的公司的历史沿革做出全面的尽职调查。有关标的公司历史沿革的资料和信息可以从公司登记档案、公司文书档案、财务档案中获取。对标的公司历史沿革的了解有如下意义。

一是能够明确标的公司资产的来源从而确定股东权益的可靠性。了解标的公司的历史沿革有利于判断标的公司的财产权是否有瑕疵。投资并购方应当特别注意标的公司在历史沿革中以非经营手段获取的各种资产、权益的合法性，同时也应当注意债务特别是欠税处理的合法性，必要时还要获得相关方的书面确认，了解其真实性。

二是有利于账外债权人判断标的公司的潜在风险。依据《公司法》的规定，公司分立前的债务由分立后的公司承担连带责任。但是，公司在分立前与债权人就债务清偿达成的书面协议另有约定的除外。如果标的公司是通过合并或者分立而来的，且合并或者分立的时间距投资并购的时间较短，投资并购方就应当特别注意标的公司财务账目以外的债权人对标的公司的追及。

（3）出让方对股权的处分权及股东借款情况

采用股权投资并购的模式，投资并购方需要在尽职调查阶段查明出让方对交易股权是否有处分权。具体来说，主要包含两个方面：一是出让方是否为其股权设立他项权利。根据《担保法》和《物权法》的相关规定，股东可以用股权为自己或者其他人的债务向债权人设立质押，而股东的股权一旦设立质押，将令股权的处分权受到限制。二是公司章程或股东之间的协议是否对股东转让股权设立了限制，如反稀释条款、股东的一票否决权等特殊条款。投资并购方应当在尽职调查阶段查出这些股权处置的瑕疵或者限制，并设计解决方案。

在有些情况下，标的公司的股东对标的公司可能有股东贷款。向股东的借款也是公司的债务，不过不同于一般债务。从实务中看股东对标的公司贷款大致有如下情况：全体股东按照持有的股份比例向标的公司提供股东借款；个别股东向标的公司提供借款。标的公司按照市场行情向股东支付利息，特殊情况下也可约定不支付利息。另外，标的公司可能还有一些隐性负债或民间借贷，这些民间借贷有些利息很高；有些没有规范的借款合同，只有借条；有些没有对应的资金流水证据，这些都是不规范的借款行为。无论哪种情况，投资并购方都应当在尽职调查阶段调查清楚，并与原股东协商如何处理这些负债。

（4）**标的公司的分公司和对外投资情况**

标的公司的分公司是标的公司的组成部分，但是大多数分公司与本公司分处异地，因此，无论资产状况、经营状况，还是管理状况，标的公司都不能完全反映分公司的情况。从实务看，某些分公司的经营结果并不能完整地反映在本公司的财务账目上，比如分公司的各种费用不及时进账、本公司对分公司挂有大量的应收账款等。因此，尽职调查阶段了解标的公司设立有多少家分公司、这些分公司从事哪些具体业务、其经营状况如何、是否有潜在的大量未处理费用，不仅对核定标的公司的权益十分必要，而且对投资并购后加强标的公司的管理也十分必要。

（5）**资产和业务范围**

从投资并购的实践来看，许多标的公司同时持有不同用途的资产，经营不同的业务，而投资并购方则往往坚持投资并购单一用途的资产和业务。这是由于接受标的公司不同用途的资产和业务不仅会使投资并购价格大幅上升，还会加大投资并购的风险，不符合投资并购方的扩张发展规划。因此，投资并购方在尽职调查阶段需要查明标的公司所有的产品种类和业务类型，并确定其中是否有不符合投资并购方投资规划的项目。对不符合投资并购方需要的资产和业务，投资并购方应当与交易方商洽，以便寻求各方认可的投资并购方案。

（6）资产的权属

标的公司的资产是公司权益的基础，关乎股东在标的公司中的权益。因此，投资并购方在尽职调查的阶段应该将标的公司资产的权属问题作为重要的调查内容。

（7）资产的质量

标的公司资产的质量直接影响公司的总价值，而股东的权益等于资产总额减去负债总额，因此资产的总价值与股东对标的公司的权益相关。据此，投资并购方在判断标的公司股东权益额、谈判投资并购价格以及测算投资并购后追加投资时，都需要从标的公司资产的质量角度进行分析。

（8）知识产权的价值

从实践看，投资溢价主要体现在标的公司的知识产权上，这是因为①知识产权资产可能是体现标的公司竞争力和盈利能力的核心资产；②多数情况下知识产权资产在公司账面上不反映价值。为此，需要投资并购方在尽职调查阶段了解标的公司拥有哪些知识产权，这些知识产权的技术含量如何、价值含量如何、它们对标的公司的贡献有多大、它们在投资并购后能对标的公司的生产经营业绩做出多少贡献，从而对各项知识产权的价值做出公允的价值判断。

（9）渠道及销售情况

投资并购方想要在投资并购后使标的公司持续从事生产经

营活动，就必须了解公司的原材料供应渠道，了解产品的销售渠道和销售情况。这些不仅会影响到投资并购方的价值判断，也是投资并购方投资并购标的公司后制订投资经营方案的重要依据。投资并购方在尽职调查阶段应该掌握标的公司的如下渠道信息：①主要材料、配件、能源、运输等的供应商是谁；②相关市场的供求关系如何；③合同条款是如何设置的；④价格和定价机制如何；⑤供求关系变化及价格变动的预测。投资并购方应当对标的公司产品销售情况掌握如下信息：①产品的市场份额；②主要竞争对手；③主要竞争品牌；④经销商的忠诚度；⑤产品销售业务流程；⑥产品档次及销售价格；⑦定价机制；⑧单位产品的边际贡献；⑨合同条款；⑩赊销和回款情况；⑪促销方式；⑫消费者的品牌忠诚度；⑬坏账准备金预提情况；⑭售后服务情况及费用提取情况等。

（10）财务管理和经营指标

尽职调查阶段了解标的公司的财务管理及各项经营指标情况，在投资并购作价与预测投资并购后公司的经济效益方面起到重要的作用。从实务看，股权投资并购以标的公司的财务账面反映的所有者权益的数额为基础。但是，标的公司的财务账面的所有者权益，不仅取决于公司的资产和负债的关系，也受到标的公司财务决策、财务管理方面的影响。因此，仅看账面的数额是不够的，还需要考虑标的公司的账务管理情况，并将两者结合起来进行判断。固定资产的折旧方法、包装物的摊销方法、存货的结转方法、坏账准备金的提取方法等，都会在很大程度上影响标的公司的所有者权益。因此，投资并购方在尽职调查阶段需要进行专业的财务尽职调查，了解标的公司财务管理情况，并据此对标的公司的财务账面价值做出论证和校验。

经营指标是公司经营结果在财务数据上的反映。了解经营指标可以帮助投资并购方对标的公司的盈利能力、经营成果、成长前景做出判断。在尽职调查阶段投资并购方应当获取标的公司的有关财务报表，掌握其中的相关信息，并根据相关信息做出判断。这些财务报表和相关资料包括：①标的公司最近三至五年的审计报告；②标的公司最近三年的资产负债表、利润表、现金流量表等。

（11）闲置和待报废资产情况

闲置资产指尚有使用价值但处于未利用状态的资产。待报废资产指实际已经没有使用价值但在公司财务上未做核销的资产。从投资并购实践看，许多标的公司，特别是一些管理不规范的公司，存在大量以上两类资产。投资并购方应当在尽职调查阶段掌握标的公司这两种资产的情况，包括：①产生的原因；②预计处理收益和损失；③对投资并购价格和投资并购后预期收益的影响等。

（12）主要债权债务情况

标的公司的债权和债务不会因股权投资并购而发生改变。因此，尽职调查时了解标的公司主要的债权债务，不仅对投资并购后标的公司的现金流入流出预测有帮助，而且可以从中发现标的公司以往的经营痕迹。对标的公司主要债权需要了解的内容包括：①债务人是谁；②债权的具体金额是多少；③是否收取利息，若收取利率是多少；④有无担保，若有以何种方式担保；⑤期限如何；⑥是否为正常经营业务以外的债权等。对标的公司主要债务了解的内容包括：①债权人是谁；②债务的具体金额是多少；③是否支付利息；④有无担保，若有以何种方式担保；⑤期限如何；⑥债务的来源或者用途是什么等。

（13）资产抵押及为他人担保的情况

若标的公司以自有资产为自有债务提供抵押，只需确保利率处于合理区间，即为正常情况；若标的公司为第三方提供担保，例如提供保证或将其资产用于为第三方设立抵押，则这一种情况需要引起特别关注。标的公司为第三方提供担保，将会置公司的财产于风险之中，也会给投资并购方带来风险。如果标的公司已经为第三方提供了担保，投资并购方应当在尽职调查阶段查明：①债务人是谁；②债务的金额；③债务的期限；④债务人的偿债能力；⑤担保方式；⑥主合同和担保合同的条款。投资并购方应当根据这些信息评估自身风险，并根据实际情况制定风险防范措施。

（14）关联交易情况

关联交易是关联方之间发生的交易。关联交易的风险在于可能发生税务的调整，也可能存在利用关联交易转移利润或费用的行为。从实务中看，在尽职调查过程中，投资并购方可以将标的公司的关联交易分成三类。第一类是偶然发生的单笔关联交易。这类关联交易一般对投资并购方不造成风险。第二类是长期的、持续性的关联交易，比如标的公司原料供应来自母公司，或者长期占用股东的资源等。对于这类关联交易，投资并购方应当予以重视：一要看是否构成税务上的风险；二要看是否构成投资并购方经营和管理上的风险。第三类是标的公司与管理公司之间出于转移利润或者费用而进行的关联交易。这类关联交易一旦被税务机关发现和认定将构成重大风险。投资并购方应当依据尽职调查掌握的情况，制定投资并购风险防范措施。

（15）欠税情况

欠税是标的公司的负债，但并非普通负债，因为欠缴税款的罚金和滞纳金很高，所以欠税将对投资并购方构成特殊风险。因此，在尽职调查阶段需要投资并购方对标的公司的欠税情况及涉税活动给予特别关注。

（16）到基准日的负债明细表

标的公司的负债是影响股东对标的公司权益的一项重要因素。从财务理论上说，资产总额减去负债总额等于股东对公司的权益。因此，投资并购方在尽职调查阶段要制作标的公司到基准日的负债明细表，并将其作为确定标的公司股东账面权益的重要依据。负债明细表不仅是确定标的公司股东财务账面权益的重要数据，也是投资并购后确定标的公司的或然债务，投资并购方依约向标的公司主张赔偿权利的重要依据。所以从股权投资并购的实践看，交易双方都会要求制作标的公司到投资并购基准日的负债明细表，并将其作为投资并购主合同的附件，以明晰债务。基准日本身就是明确收购双方债务的"分水岭"。基准日之前发生的债务包括公司或然负债，投资并购方不负有赔偿义务，由被投资并购方承担；反之，则应当由投资并购方承担。

（17）员工的情况

股权投资并购后，标的公司的员工与标的公司的劳动合同以及劳动关系不变，持续有效。因此，投资并购方应当在尽职调查阶段了解标的公司的用工情况。这不仅能帮助投资并购方了解标的公司的劳动成本、人力资源管理现状、员工构成情况、用工形式，而且对投资并购后的人力资源管理、员工培训、人力资源的整合都有非常重要的作用，同时也对规避标的公司在用工方面存在的风险有重要的意义。

（18）已经生效但尚未履行或尚未履行完毕的合同

股权投资并购后，标的公司已经订立的合同均持续有效，投资并购后的标的公司应当依法继续履行。因此，投资并购方应当在尽职调查阶段了解这些合同的条款和已经履行的程度。特别是要防止被投资并购方在订立投资并购意向协议之后订立对标的公司利益有损的合同。同时也要考虑这些合同是否为投资并购后标的公司经营活动所必需的。

（19）未决诉讼和争议

未决诉讼和争议不能在标的公司的财务账面上反映。但是无论标的公司在这些诉讼和争议中作为原告或者被告，处理的结果都会对股东在标的公司的权益产生影响。数额巨大的诉讼或者争议会对标的公司产生较大的影响。投资并购方应在尽职调查阶段了解这些诉讼的情况，并对其可能对标的公司产生的影响做出冷静判断，必要时也可以作为预计负债处理。

（20）股东出资、转让股权以及股东会决议是否有未尽事宜和争议

这主要指标的公司股东在出资、增资、减资、股份转让事项上有无未尽事宜和争议。标的公司在这方面的未尽事宜和争议可能影响投资并购程序的进行或对投资并购方产生不利的影响。股东会是公司最高决策机构，但是如果有股东认为股东会的决议违反法律、公司章程、行政法规，可以提请人民法院对决议予以撤销。据此，投资并购方在尽职调查阶段应当了解标的公司在上述重大事项方面是否有瑕疵，是否对新入股的股东有不公平待遇，并采取相应的措施，例如废除一些不平等条款（如常见的创始股东的"一票否决权"等）。

（21）公司章程对公司重要权力及机构的约定

公司章程是公司的"宪章"，为公司权力机构、监督机构和管理机构的产生和分配提供了法律依据。其主要涵盖内容包括

董事会、监事会的组成和产生办法（委派还是选举）、法定代表人、总经理、财务总监及其他高级管理人员的产生办法等。投资并购方在尽职调查阶段掌握上述信息，尤其是公司权力机构和管理机构的约定，对于拟定新公司章程或修订公司章程、评估投资并购后投资并购方对公司的控制权以及整合公司难易程度都十分必要。

（22）公司章程对投资并购程序的规定

大部分公司章程对于与股权变更相关的增资、股权转让等重大事项都做出了明文规定。投资并购方在尽职调查阶段应当掌握相关信息，以便使自己对标的公司的投资并购行为符合标的公司章程的规定。这涉及投资并购的合法性、合规性以及是否侵犯其他股东权益的问题。另外，投资并购方应当根据标的公司所处的行业和公司特点，根据相关法律法规，拟定合法有效的投资并购程序。例如，涉及国有公司股权的收购投资并购程序与民营企业的收购投资并购程序相比，就有特别的规定。

5. 尽职调查的主要功能

（1）支持投资并购决策

在投资并购意向协议签署前，投资并购方可能通过其他渠道对被投资并购方有所了解，但是总体来看，投资并购方获取的信息比较分散、不能量化、不够精准、不够全面、不够及时，不足以支持投资并购方对标的公司做出准确的判断。因而，为了规避投资并购风险，签订的协议只是框架性协议，不具备法律约束力，不能指导和规范整个投资并购过程。在签订框架性协议之后，投资并购双方进入尽职调查阶段。在这个阶段，投资并购方将掌握标的公司大量、系统、全面、及时、精准的信息，并在此基础上对标的公司形成新的认识。根据尽职调查阶段对标的公司形成的新的认识，投资并购方可以终止谈判不进行交易，可以进一步了解公司，也可以继续谈判进行交易。因此，尽职调查工作具有支持决策的功能。投资并购方应当在尽职调查的基础上对投资并购做出决策，避免纯粹的经验判断，进行理性的投资决策。

（2）谈判价格依据

股权投资并购的核心是投资并购价格。投资并购价格是双方争议的焦点问题之一，也是双方谈判的重点。投资并购方在一般情况下不应脱离尽职调查去报价和谈判价格，而应当在充分了解标的公司各种信息的基础上再进行报价或者进行有关价格谈判。只有这样才能确保投资并购方的报价或价格谈判具备充分依据。

（3）风险控制手段

从投资并购实践来看，任何投资并购都是有风险的，关键在于能否识别风险、规避风险。而尽职调查能发现风险，并且依据风险制定避险措施。只要措施得当大部分风险可以提前规避，或者减少发生的概率和损失。投资并购方必须根据尽职调查信息找出风险的根源，并在此基础上制定有效的防范措施。因此尽职调查是投资并购风险控制手段之一。

（4）整合方案依据

没有整合就没有投资并购所追求的整体效应。但是整合不能是盲目的、没有依据的。整合不仅要从投资并购方的实际情况出发，还要从标的公司的实际情况出发。投资并购方应当根据披露调查掌握的信息调整、确定对标的公司的整合方案，整合的内容包括股权、组织架构、人员、财务、制度流程等方面。这些也恰恰是尽职调查的重要工作及调查的基本思路和框架。

（5）运营管理策略依据

股权投资并购后，投资并购方将制定运营管理政策，比如如何对标的公司进行投资改造、产品升级换代、市场品牌置换等。需要通过调查标的公司的相关运营管理信息，投资并购方才能做出投资并购后的运营策略。尽职调查不是走过场，而是为了获得全面、真实、有效的信息，从而为投资并购目的服务。

第5节　投资并购估值

依据尽职调查的结果，投资并购方可以对企业进行估值。投资并购估值的主要意义在于为交易双方确定投资并购对象的交易价格提供科学合理的依据。

根据资产评估准则、资产估值的有关法规及市场惯例，企业价值评估的方法主要包括收益法、市场法和资产基础法这三种基本方法及其衍生方法。资产评估专业人员应根据评估目的、评估对象、资料收集、价值类型等情况，分析三种基本方法的适用性，科学地选择评估方法。对于适用不同评估方法进行价值评估的资产，评估人员可以采用两种以上评估方法进行评估。

1. 收益法

根据中国资产评估协会印发的《资产评估执业准则——企业价值》，企业价值评估中的收益法指将预期收益资本化或折现，确定评估对象价值的评估方法。收益法从企业未来获利能力角度来考虑其价值，反映了企业综合获利能力。收益法包括股利折现法和现金流量折现法。股利折现法是将预期股利进行折现以确定评估对象价值的具体方法，通常适用于对缺乏控制权的股东进行部分权益价值评估。现金流量折现法指对企业或某一产生收益单元未来的现金流量及其风险进行预期，并选择与之匹配的折现率，将未来现金流量折算成现值的评估方法。现金流量折现法包含企业自由现金流折现模型和股权自由现金流折现模型。

收益法主要基于现金流量折现模型。它的基本思路是任何资产的价值是未来现金流量按照有风险折现率计算的现值。其基本模型为：

$$价值 = \sum_{t=1}^{n} \frac{现金流量_t}{(1+资本成本)^t}$$

该模型有三个参数：现金流量、资本成本和时间。

现金流量指企业各期的预期现金流量。对于投资并购方而言，企业现金流量有三种：股利现金流量、股权现金流量和实体现金流量。

资本成本是计算现值使用的折现率。折现率是现金流量风险的函数，风险越大则折现率越大。折现率和现金流量要相互匹配。股权现金流量用股权资本成本来折现，企业（或实体）现金流量用企业的加权平均资本成本来折现。

模型中的时间，指产生现金流量的时间，一般以"年"为周期，总年数用"n"表示。在企业估值时，评估人员通常假设持续经营，即假定企业将无限期地经营下去。为了避免预测无限期的现金流量，大部分估值将预测的时间分为两个阶段。第一阶段是有明确的预测期，称为"详细预测期"，简称"预测期"。在此期间对每年的现金流量进行详细预测，并根据现金流量模型计算企业价值。第二阶段是在预测期以后的无限时期，称为"后续期"或"永续期"。在此期间假设企业进入稳定状态，维持稳定的增长率，可以用简便方法直接估计后续期价值。后续期价值也被称为"永续价值"或"残值"。企业价值由此被分为两部分：预测期价值和后续期价值。企业价值 = 预测期价值 + 后续期价值。

其中，后续期价值的计算公式如下：

后续期价值 = 现金流量 + （*P/F*, *i*, *t*）× 资本成本

上述公式中的（*P/F*, *i*, *t*）为复利现值系数。

预测其价值需要结合评估目的选择不同的模型进行计算。按照现金流量的不同种类，现金流量折现模型可以分为股利现金流量折现模型、股权现金流量折现模型和企业（或实体）现金流量折现模型三种。

① 股利现金流量折现模型的基本形式：

$$股权价值 = \sum_{t=1}^{\infty} \frac{股利现金流量_t}{（1+ 股权资本成本）^t}$$

股利现金流量是企业分配给股权投资人的现金流量。

② 股权现金流量折现模型的基本形式：

$$股权价值 = \sum_{t=1}^{\infty} \frac{股权现金流量_t}{（1+ 股权资本成本）^t}$$

股权现金流量也称股权自由现金流，指股东或者投资者从所投资企业（经营体）可以获得的扣除所有经营费用、税收、本息偿还金以及为保障预计现金流持续增长要求所需的营运资金净增加额和全部资本性支出后的可分配给企业股东或者投资者的剩余净现金流量。

③ 企业（或实体）现金流量折现模型的基本形式：

$$企业价值 = \sum_{t=1}^{\infty} \frac{企业自由现金流量_t}{（1+ 加权平均资本成本）^t}$$

企业自由现金流量是企业全部现金流量扣除成本费用的现金支出和必要的现金投资后的剩余部分，是企业一定期间内可以自由支配的税后现金流量。企业自由现金流量 = 息前税后净利润 + 折旧与摊销 – 资本性支出 – 营运资金增加额。

2. 市场法

根据《资产评估执业准则——企业价值》，企业价值评估中的市场法，指将评估对象与可比上市公司或者可比交易案例进行比较从而确定评估对象价值的评估方法。利用市场法评估企业价值，可以参照下列计算公式：

$$V = \frac{V_s}{X_s} X$$

其中，V 表示目标公司的评估价值；X 表示与公司价值相关的目标公司的可观测变量；V_s 表示参照公司的市场价值；X_s 表示与公司价值相关的参照公司的可观测变量。

（1）按可比对象分类

按照不同可比对象，市场法分为上市公司比较法和交易案例比较法。

① 上市公司比较法。上市公司比较法指获取并分析可比上市公司的经营和财务数据，计算价值比率，在与被评估单位比较分析的基础上，确定评估对象价值的具体方法。该方法中的可比企业是公开市场上正常交易的上市公司。在切实可行的情况下，评估结论应考虑控制权和流动性对评估对象价值的影响。

② 交易案例比较法。交易案例比较法指获取并分析可比企业的买卖、收购及合并案例资料，计算价值比率，在与被评估单位比较分析的基础上，确定评估对象价值的具体方法。控制

权以及交易数量可能影响交易案例比较法中的可比企业交易价格。在切实可行的情况下，资产评估专业人员应当考虑评估对象与交易案例在控制权和流动性方面的差异及其对评估对象价值的影响。

（2）按比较企业变量指标分类

根据所比较的企业不同变量指标，市场法可以分为市盈率法、市净率法、市销率法以及股票市价法等。

① 市盈率法。市盈率法指以行业平均市盈率或者可比公司市盈率估算企业价值的方法。市盈率指普通股每股市价与每股收益的比率，即

$$市盈率 = \frac{每股市价}{每股收益}$$

运用市盈率进行估值的模型如下：

目标企业每股价值 = 行业或可比企业市盈率 × 目标企业每股收益

目标企业价值 = 行业或可比企业市盈率 × 目标企业净利润

② 市净率法。市净率法指根据行业平均市净率或可比公司的市净率估算目标公司价值的方法。市净率是每股市价与每股净资产的比值，即

$$市净率 = \frac{每股市价}{每股净资产}$$

运用市净率进行估值的模型如下：

目标企业每股价值 = 行业或可比企业市净率 × 目标企业每股净资产

目标企业价值 = 行业或可比企业市净率 × 目标企业净资产

③ 市销率法。市销率法指根据行业平均市销率或可比公司的

市销率估算目标公司价值的方法。市销率是每股市价与每股年销售收入的比值，即

$$市销率 = \frac{每股市价}{每股年销售收入}$$

运用市销率进行估值的模型如下：

目标企业每股价值 = 行业或可比企业市销率 × 目标企业每股年销售收入

目标企业价值 = 行业或可比企业市销率 × 目标企业年销售收入

④ 股票市价法。股票市价法指根据上市公司股价，结合证券市场和公司发展趋势，由投资并购交易各方协商确定拟收购上市公司价值的方法。该方法主要适用于上市公司要约收购、重大资产重组、借壳上市和吸收合并等情况。

以上市公司换股吸收合并为例，交易双方通常根据公司股票的市场价格，结合证券市场行情等因素，协商确定各自公司的价值和换股比例。采用换股合并时，对目标公司的价值评估主要体现在换股比例的高低上。换股比例指每股目标公司的股票交换投资并购公司股票的股数。

假设 A 公司合并 B 公司，则合并后公司的股票价格可用下列公式表示：

$$P_{AB} = \frac{E_A + E_B + \Delta E}{S_A + R \times S_B} \times PE$$

在上述公式中，P_{AB} 表示投资并购后公司的股票价格；E_A 表示投资并购前 A 公司的净利润；E_B 表示投资并购前 B 公司的净利润；ΔE 表示投资并购产生协同效应带来的利润增加额；S_A 表示投资并购前 A 公司的普通股股数；S_B 表示投资并购前 B 公司的普通股股数；R 表示换股比例；PE 表示投资并购后公司的股票市

盈率。

对于 A 公司的原股东来说，只有当投资并购后的公司股价 P_{AB} 大于或等于投资并购前的股价 P_A，即 $P_{AB} \geqslant P_A$，原股东才会接受投资并购，即

$$\frac{E_A+E_B+\Delta E}{S_A+R \times S_B} \times \mathrm{PE} \geqslant P_A$$

由此可以计算得出 A 公司合并 B 公司的最高换股比例为：

$$R = \frac{\mathrm{PE} \times \left(E_A+E_B+\Delta E\right)-P_A \times S_A}{P_A \times S_B}$$

按照上述公式计算的 R，B 公司在合并前后的股价没有发生变化，即 $P_{AB}=P_B$，该比例就是 B 公司股东所能接受的最低换股比例。如果换股比例低于上述比例，则会导致 B 公司原有每股收益被稀释，股票价格将低于其原有股价。

按照上述方式计算的换股比例主要作为合并双方的理论参考。在实际操作中，换股比例一般由合并双方根据各自股票的市场价格并结合财务顾问的建议，通过协商方式最终确定。同时，合并双方通常会提供现金选择权，即合并双方参照股票市场价格，以现金方式收购对本次交易持不同意见股东所持有的股票。

3. 资产基础法

根据《资产评估执业准则——企业价值》，企业价值评估中的资产基础法，指以被评估单位评估基准日的资产负债表为基础，合理评估表内及可识别的表外各项资产、负债价值，确定评估对象价值的评估方法。资产评估专业人员应当根据会计政策，企业经营等情况，要求被评估单位对资产负债表表内及表外的各项资产负债进行识别。当存在对评估对象价值有重大影响且难以

识别和评估的资产或者负债时，应当考虑资产基础法的适用性。采用资产基础法进行企业价值评估，各项资产的价值应当根据其具体情况选用适当的具体评估方法而得出，所选评估方法可能有别于其作为单项资产评估对象时的具体评估方法，应当考虑其对企业价值的贡献。采用资产基础法进行企业价值评估，应当对长期股权投资项目进行分析，根据被评估单位对长期股权投资项目的实际控制情况以及对评估对象价值的影响程度等因素，确定是否将其单独评估。

在企业投资并购交易中，由于投资并购资产和企业所处的状态和情形不同，资产基础法可以具体分为成本法、账面价值法和清算价值法。

（1）成本法

成本法指按照重建或者重置被评估资产的思路，将评估对象的重建或者重置成本作为确定资产价值的基础，扣除相关贬值，以此确定资产价值的评估方法。成本法主要涉及重置成本和净重置成本。重置成本指资产的现行再取得成本，其构成包括取得资产的合理建造费用。净重置成本指以评估基准日为基础重新购买或者建造全新被评估资产所需支付现金或者现金等价物的预计金额，减去被评估资产在评估基准日状态下的实体性贬值、功能性贬值以及经济性贬值等预计金额后的净额。

（2）账面价值法

账面价值法是根据会计账簿中记录的公司净资产的价值作为公司价值的方法。公司净资产的价值等于总资产减去总负债。账面价值法是一种静态估价方法。采用账面价值法对投资并购对象进行估值，主要适用于同一控制下的资产转让或者无偿划转，以及资产账面价值与实际市场价值相近的简单投资并购活动。

（3）清算价值法

清算价值法指企业或者实体在其业务无法持续经营的情况下，被迫出售有关实物资产和业务部门所采用的估值方法。由于拟收购对象处于被迫出售，快速变现等非正常市场条件下，因此其资产估值将按照清算价值确定。清算价值法主要适用于对陷入财务困境的企业或实体的估值。

第6节　并购交易结构

1. 交易结构设计概述

股权并购交易结构设计指为了完成股权并购，并购双方在交易过程、交易形式、交易内容方面的具体安排，主要涉及交易的法律要求、交易主体、支付方式、融资方式、税收和会计处理等要素的具体安排。环境的不确定性，以及并购各方资源的独特性，综合决定了每个并购项目交易结构设计的复杂性和独特性。交易结构是股权并购的"顶层设计"，因为并购交易的股权操作、资产划转、项目融资、财务统筹、会计调整、税务安排等关系到并购能否顺利完成，关系到能否实现预期的整合效应，是整个交易过程中至关重要的内容。

交易结构设计应当遵循以下原则。一是风险、成本与复杂程度之间的平衡原则。安排复杂的交易结构是为了降低交易风险，但是过于复杂的交易结构，本身可能带来新的交易成本。因此，需要在结构的复杂程度、交易风险与交易成本之间取得平衡。二是要尽量做到各方权利、义务、风险的平衡。一般来说，对一方便利，对另外一方就不便利，这种便利常常集中体现在税收和风险的承担方面。因此需要各方权利、义务、风险的平衡。三是尽可能满足交易双方的意愿，在交易双方之间取得平衡并降低交易成本和交易风险，最终让交易顺利达成。四是实现交易目的，在某种法律框架下确定未来交易双方在被收购公司中的地位、权利、责任。

交易结构设计应当关注以下几个问题。

一是交易各方的需求和关注点。交易结构设计的本质是为了更好地满足交易各方的需求，解决各方关注的问题。例如，支付方式方面，若卖方偏好现金，则可以在交易结构中尽可能多地安排现金交易；若买方认为标的企业未来经营不确定性较大、风险较高，则在交易结构设计时可以考虑分步购买；若交易各方对交易价格及标的资产未来的盈利能力存在较大分歧，则在交易结构设计时可以安排对赌条款；若买方担心交易完成后标的公司的核心人员离职，则可以在交易结构设计时加入核心人员离职比率，以及补偿性条款、竞业禁止条款等。

二是交易结构的合法合规性、可操作性。符合法律法规要求是进行交易结构设计的前提条件。进行上市公司股权并购时，应遵守的法律法规尤其多。例如在进行上市公司并购重组交易结构设计时，需要考虑《公司法》《证券法》《上市公司重大资产重组管理办法》《上市公司收购管理办法》等法律法规的限制。若交易结构不具备合法性，则再好的交易结构设计也将无法通过监管机构的审批。此外还要考虑方案的可操作性。例如股权并购中涉及资产剥离和人员安置时，就应当考虑资产剥离的难易程度、人员安置的可操作性等，尤其对于涉及工会问题，应该妥善处理。

三是交易结构涉及税负筹划问题。从税务等角度来看，股权并购对买方而言的不利之处在于它承担了收购后的风险（或有负债的风险），同时如果采用权益法进行收购后的会计处理，它就无法获得税收上的好处。股权并购对卖方而言是有利，因为其只需就日后股权出售时产生的利得缴纳所得税。相对于股权并购来说，资产并购就可能面临多种税负，除所得税、印花税外，还需要缴纳金额较大的增值税、土地增值税、契税等。但股权并购一般只涉及所得税、印花税等。

四是风险因素和防控。股权并购交易涉及各种风险，包括并购风险、运营风险、法律风险、市场风险、财务风险、管理风险、退出风险等。对这一系列的风险防范和控制都需要在交易结构设计之初就评估好。不同的结构面临的风险大小、概率、可控程度都不尽相同。

五是成本和收益问题。不同的交易结构成本和收益也不尽相同。收购成本也是决定未来盈亏的关键因素。

综上所述，交易结构设计的最终目的是提高交易成功的可能性，在合法合规的前提下，锁定交易风险，排除交易竞争对手，建立融资平台，降低并购成本，合理避税，提高投资回报，为后续的管理创造条件，为股权转让提供便利通道。

2. 交易结构设计体系

交易中的一些元素的设计，诸如承诺和保证、支付形式、交易风险套期保值、会计选择、价格机制、融资安排、交易形式和税收、日期和时机选择、控制权和公司治理等，使得股权并购成为一套体系，而这些元素就成为重要的连接点。

交易结构设计是一个综合、复杂的过程体系。有效的交易结构设计是一个交流、沟通、学习的过程。一开始股权并购方会提出并购交易方案，与卖方进行反复会见、演示、磋商、讨论，逐步向交易结果靠近。靠近的过程本身就是结构反复调整、评估和修改的过程。交易设计就是一个反馈的循环论证不断达成双方目的的过程。

交易结构设计也是一个复杂的框架体系。它包含买卖双方的理想和目的，如价值的创造、良好的报告结果、最小化盈余稀释、最小化投票权稀释、财务的灵活性、证券价格风险保值、改善竞争地位、目标和定制的管理层激励、管理的提升和影响等。同时交易结构设计和安排本身就是由一系列的交易条款来实现的，包括支付金额、支付形式、固定支付、或有支付、混合支付、承诺、交易套期保值、时机和截止日、会计选择、税务筹划、融资、控制权与治理、社会条款与福利、风险管理等。交易结构设计最后还涉及一系列的评估分析，包括估值分析、协同效应、或有资产和负债、盈余稀释分析、投票权稀释分析、资本市场环境分析、产品市场环境分析、投资者资料分析、管理层薪酬分析、风险头寸分析、财务压力测试等。

3. 交易路径

交易路径设计，一般采用善意方式接触标的公司实际控制人、大股东或者董事会，提出股权并购的要求，并与其谈判和解决双方存在的分歧。如果标的公司不同意并购，那么涉及上市公司股权并购的情况，将可能引发要约收购、公开市场收购。在特殊的情况下，也有并购方通过竞价的方式，比较激进地接近标的公司的实际控制人、大股东或者董事会，通过拍卖、竞价的模式完成股权并购。

债务重组是实现收购的一种特殊路径。债务重组的方法很多，一般通过债转股收购、承债式收购、抵押式收购、破产重组收购、法院判决收购等。资产重组也是实现收购的一种特殊路径。通过资产重组达成收购目的，通过收购进一步完成资产重组。还有分阶段控制，逐步实现收购的路径，例如由出资人购买标的公司的资产，并作为租赁方把资产出租给并购方，并购方作为承租人负责经营，并以租赁费用形式偿还租金，通过租赁曲线实现收购。

交易路径主要根据交易双方的具体情况来选择。不同的交易路径，时间、成本和风险都不一样，设计路径之前需要进行充分的评估和权衡。

4.交易组织架构

交易组织结构的选择主要由税务、风险头寸、控制权、持续性、支付形式等因素决定。

（1）收购整个标的公司

收购整个标的公司的组织结构比较简单，通行的做法是通过股票、债券、现金等模式收购标的公司的股份。如股票收购模式是并购方通过增发股票收购标的公司股东所有股份，并购方从而获得标的公司 100% 的股份。现金收购模式是并购方以现金的方式收购所有股东持有的标的公司的股份，标的公司被吸收合并而注销。

（2）收购标的公司全部股份

一种模式是并购方用现金收购标的公司的全部股份。标的公司股东 100% 出让股权后，并购方成为标的公司新股东，标的公司继续存续。另外一种模式是并购方以股份支付标的公司股份对价，标的公司股东获得并购方的股份，成为并购方的股东，实现反向并购。这两种操作模式比较简单，最后被收购的标的公司都继续存在，但是在实操中，一般是两种模式结合运用，即以现金加上股份的模式进行并购。

（3）收购标的公司部分股份

这种模式是买方先收购部分卖方的股份，具有控制力的股份比例一般超过 50%，然后买方再新设壳公司，通过壳公司和超过 50% 的控制权吸收合并卖方公司，随后注销卖方公司，买方由部分控股变为 100% 控股。

（4）杠杆收购

杠杆收购是一种企业金融手段。杠杆收购发起人寻找"以小博大"的机会，锁定"价值洼地"的标的公司。然后杠杆收购发起人设立用于杠杆运作的壳公司，通过壳公司进行杠杆融资，壳公司再用现金收购标的公司的控股权，然后杠杆收购壳公司。这种模式中的杠杆收购发起人一般是卖方公司的高管。发起壳公司来进行杠杆融资，收购价值被低估。

5. 融资结构

并购融资决策的目的是寻求最优资本结构，即通过组合不同风险、期限、成本，以及对公司控制权有不同要求的融资工具来实现。在进行相关融资工具组合时，并购融资决策还需要结合对公司经营状况的预测，估计公司内部现金流状况，设计合理的债务归还计划。大体来说需要从以下几个方面考虑。

第一个方面是交易需要从借入的资金数额测算，测算的公式为：被收购公司买价 = 交易结束时必须再融资的已有债务 + 被收购公司所需的一切营运资本 + 实现收购的管理成本 + 收购后由于诉讼调整而可能需要的费用 – 被收购公司的现金或现金等价物 – 出售被收购公司的部分资产而取得的收入。测算交易需要的资金即购买公司股权或者资产的对价是融资结构设计和选择的起点和依据。

第二个方面是并购融资工具的选择。公司融资方式主要分为三类，分别是债务融资、权益类融资、混合融资。债务融资又分为两类：一类是优先债；另一类是次级债。权益类融资按照受偿的优先级别同样分两类：一类是优先股；另一类是普通股。混合融资则综合了股权和债务融资的模式，如可转换债券、可转换优先股认股权证、证券化信贷等融资。

第三个方面是融资成本和融资风险的考量。上述融资工具的融资成本和融资风险具有差异。总体而言，债务融资的受偿风险相较于股权融资更低，但债务融资的融资成本和预期收益也较为有限。在债务融资中，从属债务的受偿风险高于优先债务，但预期收益和融资成本也相应更高；在股权融资中，优先股融资与普通股融资相比成本较低，但受偿风险和预期收益也相对较少。因此在选择融资工具时，需要综合平衡不同工具的融资成本、预期收益和受偿风险等因素。

第四个方面是并购融资选择评估七要素。并购融资需要综合考虑支付形式的组合、返还借款时间、收益基础、币种选择、创新条款、控制权、发行方式七大要素。一是支付形式的组合，即股票、债务、现金这三种形式应如何组合。二是返还借款时间，这个由目标现金流和并购方的现金使用方案决定。三是收益基础，需要考虑风险敞口（暴露于债务和股票市场波动的头寸）是否在可接受范围内，以及交易价值如何随资本市场的波动而变化。通常，设计方案上需要进行套期保值操作。四是涉及外币的情况下，需要考虑币种选择，考虑汇率头寸承受的汇率波动风险是否在可接受范围内。五是创新条款方面的问题，如定制证券是否物有所值，设计方案上可否考虑混合型证券、期权、认股权证等创新手段。六是控制权问题，如交易中各方拥有何种程度的控制权，如何表示控制权，如何执行，财务结构设计创建了什么样的财务压力及合作激励等。七是发行方式的问题，如目标现金流将流向何方，交易中的证券通过何种渠道发行。对策上应当考虑财务顾问的排名、名声、核心竞争力和佣金水平等因素。

第五个方面是评估并购融资方案的要素。一个并购融资方案选择是否科学，是否适合项目本身，需要从灵活性、风险、收益、控制权、时机选择等方面去评估。

6. 支付结构

在支付结构中，支付方式可以分为即时支付、附加期权支付、附带经营条件的或有支付、估值调整支付等方式。即时支付，顾名思义，就是不附带其他条件，按照约定的时间进行交割。而附加期权支付则是当买方对标的公司未来盈利看好，但近期业务把握不准时，采取附加期权的形式，用以降低交易风险。一般采用购买部分股权加期权、购买含股权债券的交易形式。附加期权支付方式的交易特点包括：一是买方可能为期权支付较高的价格；二是若届时不执行期权，买方可能只是普通参股股东，而达不到控股目的；三是若届时不行使"换股"权利，买方可继续持有债券，享受定期定额利息。附带经营条件的或有支付方式是买方先支付一个较低的前端价格，若公司经营达到约定的盈利状态，买方将另外支付约定的金额；其中一种特殊的方式为利润分享方式，即买方先支付一个较低的前端价格，并购后按照约定的方式，以未来实现的利润作为偿还。估值调整支付方式常常通过对赌实现，是投资方和公司出于对公司未来前景的不确定性为确保各自的利益而订立的系列金融条款，这种方式与前述支付方式的最大的区别在于这种方式不仅能维护投资者利益，而且能共同维护投资者和公司管理层利益，估值调整的最大目标是，努力实现公司盈利水平最高化，达成对赌双向激励。常见的对赌金额计算公式有：次年赠送股份总额 =（当年承诺的净利润 – 当年实际净利润）/ 当年承诺的净利润 × 本次认购股份总数。常见的对赌条款类型包括财务绩效、非财务绩效、赎回补偿、股票发行、管理层去向等条款设置。

在支付结构中，支付手段一般包括现金支付、债券支付、股票支付、资产支付、债务承担、混合支付、无支付等七大类，常见的是现金、股票、债券支付。可以按照不同支付手段选择不同比例，进行结构化支付。1988 年，美国的大规模并购交易中约有 60% 使用纯现金支付手段，纯股票支付的并购交易只占 2%；1998 年，美国大规模并购交易中完全使用现金支付手段的只占 17%，而纯股票支付的并购交易则占了约 50%。20 世纪 90 年代美国约有 70% 的并购交易包含股票支付。大量研究表明，不同的支付方式对股东利益的影响大不相同。

并购方在选择支付手段时，主要考虑以下因素。

① 并购方的举债能力和手持现金的多寡。举债能力较强或手持现金较多的公司比其他公司更有可能采用现金支付方式进行收购。

② 公司控制。股票融资有可能导致大股东丧失对公司的控制权，因此被大股东控制的收购公司一般不倾向于采用股票支付的并购方式。股权高度分散或高度集中的公司因无丧失控制权的担

忧，比其他公司更愿意采用股票支付方式进行收购。

③ 并购方股价水平。并购方的股票价值被市场高估，并购方会更倾向于采用股票支付的并购方式；反之，会更倾向于现金收购。

④ 标的公司对支付方式的偏好。收购者不能忽视标的公司或其股东对支付方式的偏好和要求。一般来说，敌意收购只能通过现金支付的方式进行。

⑤ 规模收购。大规模收购因资金需求量大，较多采用股票支付或现金与股票混合的支付方式。

⑥ 融资成本和税收因素。当资金回报率高于利息率时，负债经营比用自有资金经营更为合适。通过债务融资进行的收购因增加了财务杠杆，可以抵扣一部分税务负担。

⑦ 法律规范。收购支付还会受到法律制度与政策的影响与制约。

⑧ 信息不对称程度。当并购方对标的公司缺乏足够了解时，套式换股可缓解信息不对称的负面影响，对并购方有一定的保护作用。

第7节　并购监管与审批

并购监管与审批指实施并购交易必须接受的监督管理和应当取得的有关部门的核准手续。企业开展并购交易，应当遵循法律的有关规定，符合监管部门的有关要求，获得有关部门的核准；企业并购如未能获得批准而擅自实施，其行为将构成违法，交易各方将承担法律责任。因此，在开展并购交易时，各方应当明确本次交易所须经历的审批环节和应当获得的批准文件。

企业内部审批。企业内部审批指企业并购交易所须获得的内部批准。由于公司制企业是最主要的并购交易主体，因此以公司制企业为例对企业内部审批进行说明。根据《公司法》规定，股东大会由全体股东组成，是公司的权力机构。董事会对股东大会负责，是公司经营决策执行机构。由于并购交易通常属于企业重大事项，因此应当获得公司董事会和股东大会的审批同意。

行业监管与审批。行业监管与审批指企业开展并购交易所须接受的行业主管部门的监管和应当获得的行业主管部门的审批手续。

反垄断监管与审批。反垄断监管与审批指政府及有关部门就并购交易是否形成市场垄断而进行的监管和审批。反垄断审查是并购交易的前置审核环节。并购交易的反垄断审查主要是经营者集中审查。所谓经营者集中，指下列情形：经营者合并；经营者通过取得股权或者资产的方式取得对其他经营者的控制权；经营者通过合同等方式取得对其他经营者的控制权或者能够对其他经营者施加决定性影响。根据中共中央发布的《深化党和国家机构改革方案》和国务院发布的《国务院关于机构设置的通知》，国家市场监督管理总局承担我国反垄断统一执法。同时，保留国务院反垄断委员会，具体工作由国家市场监督管理总局承担。

境外投资监管与审批。境外投资监管与审批指企业开展境外投资并购所须接受我国有关政府部门的监管和所须完成的审批手续。境外投资监管与审批主要涉及境外投资行为的核准与备案，境外投资项目的核准与备案、境外投资使用外汇的监督与管理，以及中央企业境外投资的监管与审批等内容。

第8节　并购交割

交割是股权移交的标志，即转让的股权经交割后，转让方不再是公司的股东，而受让方成为标的公司的股东，享有股东的所有权利并承担相应的义务，交割的内容是标的公司的收益权和管理权。交割收益权以股权转让协议签署、外部行政审批为标志，而管理权的交割还涉及一系列的登记、交接、接管事宜。

首先，股权转让后只有依法完成工商变更登记，才产生股权交割的对外登记公示效力。一般在股转合同签订、标的公司内部章程修改案生效后就应当抓紧时间进行股权变更登记以及其他登记事项的变更工作。这些工作包括标的公司股权变更登记、标的公司其他登记事项的变更登记、并购方向标的公司派驻的管理团队人选的准备，以及按照约定应当完成的资产剥离。一项股权并购的完成，不仅涉及股权的变更，而且公司名称、公司注册资本、公司经营范围、公司地址、公司董监高（董事、监事和高级管理人员）等都有可能因为并购的发生，需要依据《公司法》等相关规定进行变更。工商变更被认为是股权并购交割的一个标志事件，也是交割的必备工作。

其次，公司管理权的交接。标的公司管理权的移交应当按照股权转让合同的约定进行，可以在股权转让合同生效后、标的公司工商变更登记前完成，也可以在标的公司工商变更登记后进行。管理权移交主要针对并购方对标的公司享有绝对控制权或独资控制的并购情形，其内容如下所示。

① 告知标的公司管理层和员工。通过标的公司邮件、会议等

渠道，告知管理层和员工关于标的公司被并购后的管理权的交接事宜，避免并购后在管理上仍然存在原股东势力的"影子"，方便并购后公司文化、人力资源的重组。

② 营业执照和政府许可证件的移交。双方将标的公司营业执照、税务登记证、公司代码证、进出口许可证，以及政府颁布的生产许可证、资质证书、特种经营许可证进行查验和移交。

③ 对银行账户、存款进行查验和移交；对标的公司各银行账户及存款进行核查和交割。

④ 印鉴移交或更换。双方需对标的公司的账目、档案等进行移交，双方共同将标的公司的原印章销毁或移交工商管理部门，同时启用由受让方安排刻制的标的公司的新印章，更换银行、税务专用章。

⑤ 决策机构权力移交。标的公司原股东会、董事会、监事会和总经理等享有的决策权、管理权、人事权以及其他一切权力被停止。此前做出的但未能执行的或者尚未执行完毕的决议、决定、批示、安排等，需经由受让方加入后重新成立、选举、委派的股东会、董事会、监事会和总经理以及其他高管人员确认后方可执行或者继续执行。

⑥ 董事、监事、高级管理人员权力的交接。标的公司经营管理权交由受让方的管理班子。标的公司的原董事长、董事、监事主席、监事、总经理、副总经理、财务负责人和其他高级管理人员向标的公司递交从交割约定之日起辞去其在标的公司担任职务的辞职函，并保证不向标的公司提出索赔。

再次，股权转让价款的交割。股权转让价款的交割应当按照合同约定进行，但是在股权变更登记完成且出让方将标的公司管理权交接给并购方后，并购方应当按照合同约定将股权转让款结算完毕。

　　最后，重要的合同资料文件交接。在并购过程中形成的一系列合同、债权债务处理的文件资料，并购团队需要和管理团队进行交接并进行整理归档。

第5章　第二增长曲线实践：
分拆上市

　　第二增长曲线步入稳定上升期，可以考虑对业务进行分拆上市，从而通过资本市场优化第二增长曲线业务的资源配置。而且上市有利于理顺业务架构、增加融资渠道、获得合理估值、完善激励机制以及提升第二增长曲线的核心业务竞争力。

第1节　分拆上市背景

　　分拆上市在国内资本市场中出现的相对较晚。我国相关监管机构对分拆上市的态度随着资本市场的发展与完善也在不断变化与调整。中国证监会自2010年起相继出台了一些分拆上市的相关政策，使得企业的重组趋势也随之发生了一定的变化——从过往的并购逐步演变为剥离、分拆等收缩型的重组方式，将部分业务分离出去进行独立经营，以实现从多元化经营到专业化经营的转变。分拆上市也渐渐成了市场上的热门话题。但是，为了防止公司通过分拆上市进行概念炒作，监管部门对分拆上市一直持较为谨慎的态度，因而我国上市公司的分拆上市受到较为严格的监管限制，国内成功完成分拆上市的上市公司数量较少。随着我国资本市场的逐步发展和完善，以及注册制、科创板的推出，我国分拆上市行为的监管难度得到了一定程度的降低，相关监管部门对分拆上市的态度也有所变化。2019 年 3 月，中国证监会发布了《科创板上市公司持续监管办法（试行）》，达到一定规模的上市公司可以依据相关规定，分拆业务独立、符合条件的子公司在科创板上市。该规定的出台在一定程度上弥补了中国境内分拆上市制度方面的空白。随后在 2019 年 12 月，中国证监会正式发布了《上市公司分拆所属子公司境内上市试点若干规定》（以下简称"新规"），这项规定对境内分拆上市的条件、流程及注意事项等方面均提出了更为具体的要求。该规定的推出正式打通了我国上市公司分拆其附属子公司在境内完成上市的通道，同时也为我国上市公司的第二增长曲线实施分拆上市提供了新的契机。

分拆上市本质上包含分拆资产和 IPO（Initial Public Offering, 首次公开募股）上市两个过程。作为资本市场优化资源配置、深化并购重组功能的重要手段，证监会明确了企业分拆上市指上市公司将部分业务或资产，以直接或间接控制的子公司的形式，在境内证券市场首次公开发行股票上市或实现重组上市的行为。2022 年 1 月，证监会出台《上市公司分拆规则（试行）》，整合了原中国上市公司分拆所属子公司在境内外上市的相关规定，分拆路径得到进一步明确。

现阶段，我国上市公司可供选择的分拆上市路径呈现多样性，在上市板块方面，既可以根据第二增长曲线板块的业务属性选择境外港股、美股等板块，也可选择境内主板、创业板、科创板、"新三板"等板块上市。分拆路径的多样性，极大地丰富了我国资本市场的层次。拟上市公司可以根据具体财务指标、盈利能力选择适合的板块进行分拆上市，这有助于公司正确定位以实现业务做大做强。

第2节　分拆上市的作用

1. 加强信息披露，释放价值信号

在上市公司公开财务报表上，由于各子公司的财务数据都是以"和"的形式反映在合并财务报表上，因此可能会导致第二增长曲线部分具有成长性资产的价值"被抵消"，造成价值被低估。市场价值被低估主要是由于内外部信息不对称，外部投资者掌握的信息有限，难以把握企业的实际价值。分拆上市后，由于信息披露更加详细且具有针对性，第二增长曲线潜在的优势业务被充分披露，资本市场潜在投资者会提高对母子公司的关注度，这也就减少了优质企业与资本市场的信息不对称程度。

2. 拓宽融资渠道

分拆上市可以帮助第一增长曲线、第二增长曲线拓展融资渠道，减少融资约束。分拆上市以后，第二增长曲线拥有独立的上市地位，一则可以直接从股市上进行股权融资，二则也可以改变企业的资本结构，为将来再融资提供空间。同时，站在母公司角度，分拆上市不仅减轻了母公司为了支持第二增长曲线发展的资金负担，而且也便于持有子公司一定股权的母公司在未来资金受限时通过减持子公司股份来解决资金短缺问题。

3. 促进第二增长曲线加速发展

对第二增长曲线的生产能力、研发能力等方面的投资加大，可以帮助第二增长曲线在行业中迅速成长，为未来的业务成长提供后备力量，培育成长性项目，获得高额的投资回报。

4. 第二增长曲线股权激励

分拆上市前，第二增长曲线的经营业绩不能清晰、明显地反映在母公司的市值上，因此集团公司可能直接以母公司的股票表现作为第二增长曲线管理层激励性薪酬的依据，在实践中并不能达到很好的激励效果。然而通过分拆上市，可以直接将第二增长曲线的高管激励机制与第二增长曲线的经营业绩联系在一起，可以更好地解决管理层的激励问题。

第 3 节　分拆上市的模式

分拆上市有两种模式：业务相同或相近模式与业务差异模式。

业务相同或相近模式，顾名思义指母子公司的业务范围联系紧密。中兴通讯分拆中兴微电子就采取了这种模式分拆子公司上市。这种模式下母公司一般在行业内地位较高，影响力较大，子公司借助母公司的势力发展产业链上下游模块。早期依附于母公司的市场效应，子公司可以在上下游迅速占据一席之地，通过产业链的细分业务逐渐发展起来，母子公司也可以在产业链中增加影响力。采取这种模式分拆上市的企业，接受的监管审查较为严格，不仅需要向证监会证明母子公司不存在不合理的关联交易或者同业竞争的情况，还需要保证在子公司分拆上市后不会发生相互竞争的情况。总体而言，这种模式具有明显的优劣之处：就其优点而言，实施分拆上市前母子公司的业务相近，母公司可以帮助子公司在所在行业内形成竞争优势，促使子公司迅速成长；就其缺点而言，在子公司申请拆分上市时，母子公司关联度是监管审核的要点，子公司需要重点说明二者的业务差异。

业务差异模式，指母子公司的业务范围几乎没有交叉。第二增长曲线就属于这种模式：公司在发展过程中，看到了新的市场机遇，为了进入新的市场抢占市场份额，从而投资了与之前业务完全不同的新行业，给公司带来第二增长曲线。采用这种模式时，集团内会出现业务模式差异很大的情况。由于投资进入新行业需要大量资金，因此将子公司分拆上市就可以帮助解决融资的难题。也就是说这种模式下集团分拆子公司很可能是为了借助资本市场的力量为子公司未来发展助力，同时也方便梳理各自的核心业务。但是，这种模式也存在一些需要关注的问题。虽然母子公司的业务差异大符合分拆上市的制度要求，但是母公司也应该在分拆出子公司的同时注重自身的业务发展，不能因分拆子公司而忽视对自身主营业务的经营管理。

第4节　A股分拆上市的条件

1. 上市时间和上市公司盈利条件

上市公司分拆上市的上市时间及盈利条件包括：上市公司股票在境内上市已满三年，上市公司最近三个会计年度连续盈利，且最近三个会计年度归属于上市公司股东的净利润累计不低于 6 亿元（扣除按权益享有的拟分拆子公司净利润，且按扣除非经常性损益前后孰低值）。

2. 分拆规模条件

上市公司分拆上市的分拆规模条件包括：拟分拆子公司净利润指标占比不超过 50%。净利润指标占比的分子为上市公司最近一个会计年度合并报表中按权益享有的拟分拆所属子公司净利润，分母为归属于上市公司股东的净利润（净利润按扣除非经常性损益前后孰低值）。拟分拆子公司净资产指标占比不超过 30%。净资产指标占比的分子为上市公司最近一个会计年度合并报表中按权益享有的拟分拆所属子公司净资产，分母为归属于上市公司股东的净资产。

3. 负面资产要求

不得作为拟分拆子公司的主要业务和资产包括：上市公司最近三个会计年度内发行股份及募集资金投向的业务或资产；上市公司最近三个会计年度内通过重大资产重组购买的业务或资产；上市公司首次公开发行股票并上市时的主要业务或资产；金融业务类资产。

4. 持股比例限制

上市公司分拆上市的持股比例限制包括：上市公司董事、高级管理人员及其关联方持有拟分拆子公司的股份，合计不得超过子公司分拆上市前总股本的 10%；拟分拆子公司的董事、高级管理人员及其关联方持有拟分拆子公司的股份，合计不得超过子公司分拆上市前总股本的 30%；上述董事、高级管理人员及其关联方通过该上市公司间接持有的除外。

5. 合法合规要求

上市公司分拆上市的合法合规要求包括：无资金、资产占用，无违规记录和审计报告无保留意见。无资金、资产占用指拟上市公司不存在资金、资产被控股股东、实际控制人及其关联方占用，或权益被控股股东、实际控制人及其关联方严重损害；无违规记录指拟上市公司或其控股股东、实际控制人最近 36 个月内无证监会行政处罚，最近 12 个月内无交易所公开谴责；审计报告无保留意见指拟上市公司最近一年或一期未被会计师出具保留意见、否定意见或者无法表示意见的审计报告。

6. 独立性要求

上市公司分拆上市的独立性要求包括：分拆子公司上市应有利于突出母公司主业，增强独立性；分拆后母子公司均符合证监会及交易所关于同业竞争、关联交易的监管要求；分拆后母子公司相互独立，即资产、财务、机构方面相互独立，高级管理人员、财务人员无交叉任职，独立性不存在其他严重缺陷。

第 5 节　A 股分拆上市流程及时间

图 5-1 显示了中国上市公司分拆子公司上市（指 A 股上市）的流程及时间表。

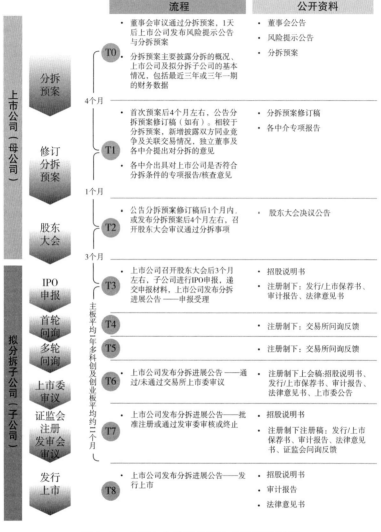

图5-1 中国上市公司分拆上市流程及时间

第 6 节　A 股分拆上市政策比较

"港股拆 A 股"① 与 "A 股拆 A 股"② 的分拆上市政策比较见表 5–1：

表 5–1　A 股分拆上市政策比较

分析条件	联交所《第15项应用指引》（港股拆 A 股 ）	《上市公司分拆规则（试行）》（A 股拆 A 股 ）	《分拆规则》VS PN15
时间要求	●上市后三年	●上市已满三年	●一致
盈利要求	●基本要求：符合《上市规则》第 8.05 条的最低盈利规定 ●若不符合基本要求，特定情况下可以豁免，同时最近五年中任何三年股东应占盈利总额不得少于 8,000 万港元	●连续三个会计年度盈利 ●扣除按权益享有的拟分拆所属子公司的净利润后累计净利润不低于 6 亿元	●A 股强调每年均须盈利 ●A 股盈利底线要求更高
分拆及剩余规模	●分拆后，母公司保留有足够的业务运作及相当价值的资产，以支持其独立上市地位 ●分拆后，母公司仍需满足主板《上市规则》第八章的规定	●分拆所属子公司的净利润不超过归属于上市公司股东的净利润的 50% ●分拆所属子公司的净资产不超过归属于上市公司股东的净资产的 30%	●均要求保留的业务，具有一定规模 ●A 股对分拆部分有定量限额

---

① 指在港股上市的母公司分拆子公司在 A 股上市。

② 指在 A 股上市的母公司分拆子公司在 A 股上市。

（续表）

分析条件	联交所《第15项应用指引》（港股拆A股）	《上市公司分拆规则（试行）》（A股拆A股）	《分拆规则》VS PN15
独立性	●不得以一项业务支持两个上市公司，即业务清楚划分 ●董事职务及公司管理独立 ●行政能力独立 ●两者之间持续进行的以及未来的关联交易，均根据《上市规则》进行	●符合证监会、交易所的监管要求 ●资产、财务、机构独立，高管、财务人员不存在交叉任职 ●不存在其他严重独立性缺陷	●均要求双方独立，A股独立性要求更细
合法合规性	●无	●上市公司或其控股股东、实际控制人近36个月未受到行政处罚，近12个月未受到公开谴责 ●不存在资金、资产被占用或权益被严重损害情况 ●近一年及一期被出具无保留意见的审计报告	●A股有合法合规性要求
持股要求	●保证配额：保证现有股东能获得分拆子公司股份的权利（无比例要求） ●如果分拆上市地点不在香港特区，现有股东当地法律限制无法认购新公司股份，港交所会根据公司的陈述和解释考虑是否作出豁免	●上市公司董事、高管及其关联方持有分拆子公司股份合计不超过10% ●拟分拆子公司董事、高管及其关联方持有分拆子公司股份合计不超过30%	●A股无现有股东必须获得分拆子公司股份的要求 ●A股对母子公司的董事、高管及其关联方持股比例有上限
负面清单	●无	●近三个会计年度发行股份及募集资金投向的业务（使用募集资金不超过拟分拆子公司净资产10%的除外）、通过重大资产重组购买的、首发公开发行股票并上市时的主要业务和资产不得分拆 ●从事金融业务的子公司不得分拆	●A股对分拆部分的业务和行业有限制

第7节　A股分拆上市监管

A股分拆上市过程中监管机构关注的方面较多，我们整理了一些重点问题，具体如下。

1. 合规性

《上市公司分拆规则（试行）》说明了关于分拆上市的条件和程序规定。分拆上市的条件和程序规定，以及市场实务情况方面的主要相关问题包括：发行人股东是否存在为上市公司或发行人的董事、高级管理人员及其关联方代持股份的情形，相关股权方案设计是否涉嫌规避分拆上市条件的相关要求；结合发行人主要产品的市场规模、发行人技术水平等情况，披露分拆上市对突出主业、增强独立性、提升专业化经营水平、促进科技创新等方面的必要性；披露上市公司关于分拆发行人履行决策程序、审批程序与信息披露情况，是否符合法律法规、双方公司章程以及证监会和交易所有关上市公司监管和信息披露要求，是否存在争议或潜在纠纷。

2. 独立性

公司商标、专利等无形资产是否独立，厂房、机器设备等有形资产是否独立；上市公司向发行人无偿授权许可使用商标是否符合内部决策程序；相关商标是否可以被长期稳定使用，控股股东、实际控制人是否会凭借相关授权损害发行人的利益；从商标的具体用途、对发行人的重要程度、授权使用费用的计价方式及其公允性、未投入发行人的原因等方面，分析上市公司未将相关商标置入对发行人的合理性、对发行人资产完整性与独立性是否构成重大不利影响；发行人与上市公司及其关联方是否存在资产、生产厂区、办公区域混同的情形，是否共同使用基础设施；发行人租赁控股股东及体系内公司的生产厂房、机器设备是否影响发行人资产完整性、独立性。

公司人员是否存在兼职，领薪是否合规，是否接受上市公司股权激励：发行人、关键岗位人员在控股股东或其他关联方是否有兼职情况并说明原因，财务总监及财务人员是否共用，兼职行为是否影响发行人的独立性；是否存在共用销售渠道或销售人员的情形；发行人相关人员在关联单位领薪、关联方代缴社保未计入发行人员工薪酬、费用，对发行人报告期经营业绩的影响，发行人是否已采取必要措施确保人员符合独立性的相关要求；发行人等相关人员具有持有上市公司或其他关联方股权的背景，入股或增资是否影响价格公允性，是否影响其在发行人处公正履职，是否存在应披露未披露的特殊利益安排。

公司是否存在显失公平的关联交易，销售、采购渠道是否独立：是否存在严重影响独立性或显失公平的关联交易；发行人是否具备独立面向市场获取业务的能力；在发行人客户/供应商与上市公司及其关联公司的客户/供应商重合情况下，发行人销售/采购体系和业务推广是否存在对上市公司及其关联方的重大依赖情形；是否存在政策混同、共用账户、资金混合、生产混同等情况，是否存在相互代收/代垫款项、共用信用额度、共同请款收款等情形。

公司核算体系、财务决策、财务制度是否独立：是否与控股股东共用财务信息系统，是否存在资金由控股股东集中管理情况；说明发行人能否独立做出财务决策、是否具有规范的财务会计制度和在生产经营活动中独立核算的具体安排；退出财务共享中心后，控股股东是否仍可以操作相关账号，是否存在控股股东或实际控制人以其他形式干预发行人资金使用的情形。

3. 同业竞争

公司是否构成同业竞争或潜在竞争：认定范围是否完整，认定不存在同业竞争关系时，是否已完整地披露发行人控股股东、实际控制人直接或间接控制的全部企业；判定不存在同业竞争的理由是否充分，是否仅以经营区域、细分产品的不同来认定不构成同业竞争。

公司是否存在构成重大不利影响的同业竞争：控股股东及其控制的其他企业与发行人业务、产品的关系；同类收入或毛利占发行人主营业务收入或毛利的比例。

4. 关联交易

关联方及关联交易信息披露的完整性、准确性：是否已按照《公司法》《企业会计准则》和《上市公司信息披露管理办法》及证券交易所相关业务规则等完整、准确披露发行人关联方；关联交易披露情况与上市公司公开文件披露内容是否一致。

关联交易的必要性、合理性和公允性：关联交易产生的原因，结合可比市场公允价格、第三方市场价格、关联方与其他交易方的价格等说明关联交易定价的公允性，是否存在对发行人或关联方的利益输送，是否存在关联方为发行人代垫成本费用的情形。

关联交易是否影响发行人独立性，是否可能对发行人产生重大不利影响：发行人是否通过关联销售或重合客户来调节利润进行利益输送。

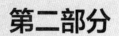

第二部分

中国上市公司
第二增长曲线
案例

知之非艰，行之惟艰。增长作为中国上市公司长久的命题，需在日新月异的实践中焕发新机。

在第二部分中，我们从近年来中国上市公司的八个经典案例中看中国上市公司增长破局。每一家上市公司都在各自领域占据龙头地位，同时拥有高瞻远瞩的战略高度和持续增长的发展愿景。它们在日益激烈的竞争中居安思危，在日渐多元的业态中敏锐洞察，或在资源和能力的边界寻找突破点，或沿着产业纵深的方向挖掘增长点，抑或在颠覆性创新的机遇中再创增长极。它们的探索路径与投资模式虽然不尽相同，但无一不是基于市场环境、客户需求、前沿科技、产业协同等多重因素做出的综合战略布局。了解这些案例，能够启发读者在最合适的时机、用最优的策略、以最佳的标的开辟第二增长曲线。

不囿于传统产业，不惧于争先创新，亦不限于第一增长曲线。

第6章 华邦健康：借助"外延式"发展开拓第二增长曲线

2021 年 9 月至 11 月，在短短三个月的时间里，华邦健康（股票代码：002004）完成两家控股子公司凯盛新材（股票代码：301069）和颖泰生物（股票代码：833819）的分拆上市，成为分拆上市新规落地后首家实现两家子公司成功分拆上市的 A 股公司。截至 2022 年 6 月 30 日，华邦健康市值增长至约 110 亿元，凯盛新材市值约为 194 亿元，颖泰生物市值约为 66 亿元。

华邦健康成立于 1992 年，是国内维 A 酸类药品种类最丰富、最齐全的生产厂家之一。2004 年，华邦健康在深交所成功上市。基于对行业发展趋势的敏锐判断，华邦健康成功上市后，借助资本市场的力量，积极通过"外延式"扩张方式，探索第二增长曲线。通过对购进优质资产的有效整合，华邦健康各业务板块的市场竞争力迅速增强。面对近年来宏观经济和主营业务发展下行压力，华邦健康依然保持业绩快速增长。如今，华邦健康已成功发展为一家集医药、农药、精细化工、新材料产品的研发、生产、销售，以及医疗服务、旅游投资运营等业务为一体的跨区域集团公司。作为一家民营企业，华邦健康是如何借助资本市场开辟出新的增长曲线？让我们从其发展历程中寻找答案。

第1节　历史沿革及经营概况

华邦健康由重庆高技术创业中心、重庆沙坪坝区南方生化研究所以及张松山、潘明欣等自然人出资设立，注册资本为50万元。成立伊始，华邦健康采取"小领域、大市场"的策略，将自身定位为皮肤科、结核科等领域内的专业生产企业，采取以银屑病药品市场及其他皮肤细胞功能异常类皮肤病药品市场为主，逐渐向其他品种拓展的战略定位。华邦健康致力于维A酸系列化合物的研究及其在医药领域中的应用，在皮肤细胞功能异常类皮肤病用药、抗耐药性结核病用药以及结核病治疗方案、晚期乳腺癌的内分泌治疗方案等多个国内医药专科领域中，处于领先地位；其独立研发的多项核心技术，如环糊精包合技术、低温定向蛋白水解技术等，均处于国内领先或国际先进水平。

1994年9月，华邦健康增资扩股，注册资本变更为150万元。2001年9月，华邦健康完成股改，注册资本为6,600万元。2004年6月，华邦健康采取全部向沪市、深市二级市场投资者定价配售的方式，完成首次公开发行，成功发行2,200万普通股，发行价格为9.60元/股，发行市盈率为16倍。

华邦健康开展相关专业化学药品的基础研究，在分子水平上取得了大量科研成果，产品生产工艺不断完善，产品的各项技术指标持续保持专业领先地位，延长产品成长期、成熟期，从而延缓产品衰退期。同时，华邦健康维A酸系列化学药品的新产品不断上市，形成新的利润增长点，成功完成产品的升级换代，形成完整的专科用药产品系列。这也使得华邦健康主营业务收入和净利润在上市后得以稳定增长。

2009 年，新医改方案及其配套政策正式出台，政策覆盖面广、延续时间长、整改力度大，引起整个医药行业大幅震动。政府在医疗卫生方面的财政投入加大，整个医药市场容量扩大，但新医改政策对基本药物的倾斜以及统一招标采购使华邦健康面临严峻挑战。

华邦健康的大部分产品为化学仿制药。随着国外厂商研制的新药、特药逐步进入国内市场，仿制药的市场竞争力削弱。同时，相对于化学制药，生物制药在解决癌症、贫血等疑难疾病方面体现出较大优势，也使华邦健康化学制药的市场销售和市场拓展受到限制。此外，国内皮肤病用药的主要市场是药店零售，而华邦健康产品主要为针对皮肤病的处方药，通过学术推广进行营销，销售终端集中在医院市场，这些均制约了其销售增长，限制了企业发展。

随着国家进一步加大对医药行业的监管力度，行业竞争加剧、市场渠道受限、人力资源不足，华邦健康的经营业绩自 2009 年开始出现增长乏力的迹象，营业收入连续两年下滑（见图 6-1）。

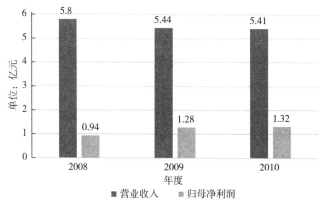

图 6-1　华邦健康 2008—2010 年主要经营业绩

资料来源：华邦健康公告。

第2节　第二增长曲线培育及业绩贡献

华邦健康在上市时已认识到自身主营业务在未来发展中可能存在的风险，并在《招股说明书》中披露了关于产品结构集中，研发实力不能满足长期可持续发展要求，国外先进药企逐步进入国内市场加剧竞争，药品价格改革政策、环保政策趋严等风险。成功上市后，华邦健康积极利用资本市场的力量，通过"外延式"扩张的方式，探索第二增长曲线。

在医药业务板块，为保障核心产品原料药供应，2007年，华邦健康收购汉江药业，成为同类企业中较早实现原料药和制剂生产一体化的企业之一；2010年，华邦健康参股信华利康，为由单一皮肤病用药生产向皮肤病用药加皮肤病临床医疗服务的转型打下基础；为完善产品线，2012—2015年，华邦健康将鹤鸣山制药、明欣药业、百盛药业纳入麾下；2015年，华邦健康收购德国莱茵医院、瑞士生物，参股重庆植恩医院，布局"大健康"产业，拓展中高端医疗市场；2015—2019年，华邦健康收购卓瑞纵横，投资设立深圳华普，参股生命原点、普瑞金药业，持续布局新型生物药领域。

在农化及新材料业务板块，2010年，华邦健康参股禾益化工，进军农药原药领域。2011年，华邦健康收购颖泰生物，开辟农化业务板块；参股巴西CCAB公司，开拓农化产品出口市场。为整合农化资源，扩大资产规模，2011—2014年期间，华邦健康收购上虞颖泰、杭州庆丰、福尔股份、凯盛新材，参股美国Albaugh公司，构建了集技术分析、研究开发、原药、中间体等生产销售环节为一体的农化产品全产业链商业模式，业务覆盖 20 余个国家和地区。

在旅游服务板块，华邦健康制定了择机投资资源型旅游资产的战略规划。2006—2019 年，华邦健康收购重庆山水会、天极旅业、丽江山峰旅游公司、玉龙雪山开发公司、广西大美大新旅游公司、秦岭旅游；此外，华邦健康通过证券交易所集中交易系统以及协议转让的方式购买丽江股份股票，并通过控股玉龙雪山开发公司，实际控制了丽江股份 29.99% 的股权。

鉴于颖泰生物、凯盛新材分别为华邦健康旗下农化业务和新材料业务的运营主体，且都取得了较好发展，下面仅以这两家公司为例，重点进行分析。

1. 收购颖泰生物，切入农化领域

华邦健康原创性新药少，仿制药面临原研药进入市场的压力，以及仿制药企业之间因竞争压低成本的压力。研发化学原创性新药以及即将过专利保护期的仿制药，将成为医药行业未来几年赢得竞争的决定性领域。而颖泰生物作为国内农化行业的知名企业，在精细化工中间体的研发分析方面具有明显优势，且与国际知名化学公司形成了良好的长期合作关系。华邦健康与颖泰生物同属化工行业的精细化工有机化学分支，在技术基础、市场研发、人员知识结构、原材料采购等方面具有共性。基于以上原因，华邦健康与颖泰生物达成了战略合作。

2005 年，颖泰生物成立，主要股东均为农药行业的教授、专家，在农药研发和销售方面拥有丰富的经验。农药生产需要大量的资金投入，但颖泰生物因资金不足未建立生产基地，急需加强生产能力建设以将自身的产业链条补充完整。2008 年 1 月，华邦

健康以 8,600 万元收购颖泰生物 22.74% 的股权。2009 年，华邦健康与颖泰生物决定通过并购的方式，实现双方协同发展：颖泰生物的研发能力较强，其研发技术同时适用于农药和医药方面；双方在原材料、业务流程、市场准入等方面均存在相似之处，可通过原材料集中采购、共享客户资源等途径节约成本；颖泰生物可利用华邦健康的原料药生产基地为客户提供医药原料药或中间体等，扩大对客户的服务范围，增强客户黏性；颖泰生物可以利用华邦健康的上市公司地位通过再融资满足自己对资金的需求，而华邦健康可以借此切入农药领域，提升整体竞争力。

2011 年 12 月，华邦健康以换股的形式完成了对颖泰生物的收购。华邦健康向颖泰生物的 18 名自然人股东共计发行 3,549.30 万股，发行价格为每股 23.86 元，发行对象以各自拥有的颖泰生物股东权益为对价完成认购，对应颖泰生物的整体估值为 10.96 亿元。本次交易完成后，华邦健康总股本变更为 16,749.3 万股，总市值约为 40 亿元。

颖泰生物所处的农药行业整体仍处于景气周期。国内农业生产对农药，特别是高效、低毒、环境友好型农药的依赖持续增强，国内高科技环保型制剂产品不断涌现，打破了发达国家对我国先进制剂的技术垄断。同时，国内环保力度的持续加大、农药新政的全面实施，以及全球性金融危机导致的经济不景气，加速了农药行业的洗牌与整合，行业集中度明显提高，行业竞争性显著增强。通过对颖泰生物的并购，华邦健康实现了由医药企业向包含医药和农药两大行业的综合性精细化工企业的转变。

在农药板块方面，华邦健康抓住行业发展的有利时机进行产业布局，积极参与产业整合，并不断完善部分产品整体产业链，扩大生产能力，加大研发投入。在医药板块方面，得益于颖泰生物先进的技术和优质的客户资源，华邦健康的原料药业务取得较好发展，并于2013年设立了单独的原料药事业部。收购颖泰生物后，华邦健康的业务规模、市场空间和研发能力均得到进一步提高，营业收入大幅提升，持续经营能力进一步增强。华邦健康2011—2013年主要经营业绩情况如图6-2所示。

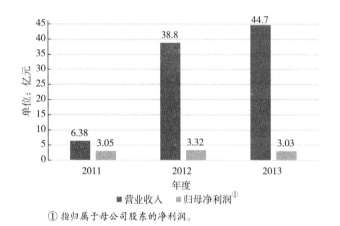

① 指归属于母公司股东的净利润。

图6-2 华邦健康2011—2013年主要经营业绩

资料来源：华邦健康公告。

2. 收购凯盛新材，布局新材料业务

精细化工是国家鼓励发展的高新技术行业，也是化学工业中的重要分支以及最具活力的新兴领域之一，具有产品品种丰富，合成工艺步骤繁多、反应复杂，产业关联度大，附加值高等特点，发展精细化工已成为世界各国调整化学工业结构和扩大经济效益的战略重点之一。为扶持精细化工行业发展，我国自2010年起陆续出台了一系列产业政策。

凯盛新材主营业务为研发、生产、销售精细化工中间体以及新型高分子材料，主要产品有氯化亚砜、氯醚、对/间苯二甲酰氯等，形成了一条以氯化亚砜为起点，逐步延伸至对/间苯二甲酰氯及其他芳香族酰氯产品，再到高分子新材料——聚醚酮酮（PEKK）的绿色循环产业链。其中，氯化亚砜是一种重要的有机化工原料，可用于医药、农药、染料、化工及食品等行业，主要用于生产农药、药品、食品添加剂产品；氯醚是早期广谱稻田选择性芽期除草剂丙草胺的主要原料。二者均与华邦健康的主营业务有较强的相关性。为进一步整合农化行业的上下游资源，有效丰富现有产品线，实现规模成本效益，并进入高分子新型材料领域，利用自身的资金实力和技术优势，加大对新型高分子材料的研发和生产投入，奠定未来发展和业绩增长基础，华邦健康拟通过发行股份和支付现金购买凯盛新材100%的股权。

2014年5月，华邦健康以16.12元/股的发行价向凯盛新材的20名股东累计发行2,554.19万股股份，完成对凯盛新材100%的股权的收购，对应凯盛新材的整体估值约为4.8亿元。本次交易完成后，华邦健康总股本变更为67,583万股，总市值约为110亿元。华邦健康的产业链得到进一步补充和完善，并加强了新材料研发、生产和销售能力，资产规模和净资产规模进一步增加，综合实力与抵御风险能力进一步增强。华邦健康的营业收入、归母净利润均得到快速增长，盈利能力得到进一步增强，2014—2016年主要经营业绩情况如图6-3所示。

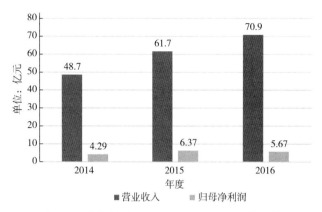

图6-3　华邦健康2014—2016年主要经营业绩

资料来源：华邦健康公告。

第3节　分拆上市及上市后

通过对购进优质资产的有效整合，华邦健康各业务板块的市场竞争力迅速增强。近年来，国内医药行业和农化行业整体处于下行环境中，然而华邦健康的两家控股子公司——颖泰生物和凯盛新材，在此背景下却实现了业绩的快速增长，并在2021年先后成功进行了分拆上市。

1.凯盛新材成功登陆创业板

在华邦健康强大资本实力和融资能力的加持下，凯盛新材的科技研发成果落地进展迅速，产能也得以快速提升。凯盛新材积极拓展产业链下游产品，逐步形成了以氯化亚砜业务为基础，同时面向氯化亚砜下游其他羧酸衍生物、锂电池、芳纶聚合单体以及高性能新材料PEKK四大领域的创新业态发展模式。截至2020

年年末，凯盛新材拥有 12 万吨 / 年的氯化亚砜产能，成为全球最大的氯化亚砜生产企业。同时，凯盛新材还是我国仅有的两家具备万吨级芳纶聚合单体生产能力的企业之一。凯盛新材凭借高纯度的优质产品和稳定的供货能力，赢得了下游市场客户的青睐，与国际主要的芳纶生产巨头，如美国杜邦、韩国可隆、日本帝人等建立了稳定的合作关系。

随着新材料的开发和应用，我国已经具备由制造大国迈向制造强国的重要工业基础。凯盛新材以对 / 间苯二甲酰氯为原材料进一步向下游高性能高分子材料聚醚酮酮进行产业延伸，逐步形成了由精细化工领域向高分子材料领域延伸突破的一体化发展战略。完善的产业链在充分提高生产效率、环保效率的同时，最大程度地保护了凯盛新材的产业安全，提高了整体竞争力。

2021 年 9 月，凯盛新材完成首次公开发行股票并在创业板上市，发行股票数量为 6,000 万股，发行价格为 5.17 元 / 股，发行市盈率为 11.62 倍。发行完成后，凯盛新材的总股本为 42,064 万股，对应总市值约为 21.75 亿元。

2. 颖泰生物成为北交所首批上市公司之一

颖泰生物在将全部资产负债并入华邦健康后，与华邦健康最大程度地实现了资源共享，发挥了协同效应。并购后，颖泰生物充分利用上市公司的管理优势和融资平台，提高规范运作水平，获得持续资金支持，迅速实现了研发项目的产业化。2015 年 10 月，颖泰生物股票在中小企业股份转让系统"新三板"挂牌。

经过多年的积累和创新，颖泰生物形成了品种丰富且工艺技术较为先进的产品体系，包括除草剂、杀虫剂、杀菌剂三大品类。凭借向优质客户提供高品质产品，颖泰生物的产品受到了众多国际知名跨国农化公司的认可，服务于全球植物保护市场。2016—2018 年，颖泰生物逐步发展为一家从中国本土成长的农化龙头企业，在中国本土农化公司中排名首位，在全球农化行业销售收入排名分别为第 13 位、第 12 位、第 10 位；形成了研究开发、技术分析、登记注册、中间体及原药、制剂生产和销售的完整产业链，建立了"农化＋种业性状"协同的发展模式，已具有国际农化巨头"农化＋生物／种业"的商业模式雏形。

为应对国内日趋严格的安全监管、环保政策要求，推动农药生产向更加"安全化""绿色化"发展，并持续提高优势产品的市场占有率及盈利能力，2020 年 7 月，颖泰生物向不特定合格投资者公开发行股票并在"新三板"精选层挂牌，发行数量为 10,000 万股，发行价为 5.45 元／股，发行市盈率为 22.71 倍。发行完成后，颖泰生物的总股本为 122,580 万股，对应总市值为 66.8 亿元。2021 年 11 月，颖泰生物成功平移至北京证券交易所上市，成为北交所首批上市公司之一。

第 4 节　总结与思考

华邦健康于 2004 年 6 月在深交所中小板上市，其早期主营业务为皮肤科、结核科以及肿瘤科化学药品的研发、生产和销售。十几年来，华邦健康通过产业收购，不断拓展第二增长曲线，促进各业务板块之间的资源整合，业务范围逐步扩展至农药、精细化工、新材料、医疗服务、旅游投资运营等多个领域。

自 2016 年以来，国内外的宏观环境开始发生剧烈变化。在医药领域，国内医疗卫生体制改革不断深化，有关部门接连发布了

"两票制"、医疗控费、带量采购、一致性评价等一系列政策，药品价格不断下降，合规性监管持续加强。在农化领域，全球六大农化巨头相继开展大规模并购，国内外行业整合趋势加强；国内安全事故频出，环保压力骤增，上游原材料价格持续上涨。宏观经济领域，国际贸易摩擦持续加剧，国内经济下行压力增大，特别是在新冠疫情爆发以后，全球经济出现衰退。尽管经济形势严峻、复杂，但是华邦健康凭借其持续扩大的资产规模，在医药、农化、新材料领域逐步建立起领先优势，以及日益提升的行业地位，经营业绩整体保持稳定增长，风险抵御能力显著增强。华邦健康 2008—2021 年间，各业务板块营业收入情况如图 6-4 所示。

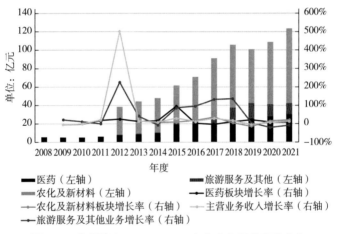

图 6-4　华邦健康 2008—2021 年各业务板块营业收入

资料来源：华邦健康公告。

如今，华邦健康已发展成为一家集医药、农药、精细化工、新材料产品，以及医疗服务、旅游投资运营等业务为一体的跨区域集团公司。

华邦健康拓展第二增长曲线的案例中，呈现出以下几个主要特点。

1. 对行业发展趋势具有非凡的洞察力

华邦健康对颖泰生物的并购计划始于 2008 年化学制药行业蓬勃发展的时期，对凯盛新材的收购计划同样开展于国内农药行业迎来加速整合的黄金期。上述两次并购，都是发生在主业尚未出现明显压力时，管理层对市场环境可能发生的变化做出合理预判，并敢于对自身已经定下的发展战略以及公司价值进行反思、探讨和重新定位。事实上，管理层也对国内消费升级、旅游服务业将取得较好发展的趋势做出了准确判断，华邦健康 2019 年以前旅游服务业务板块也取得了较快的增长，但 2020 年新冠疫情的大流行对国内的旅游服务业造成了巨大冲击，华邦健康该板块业务也受到严重影响。

2. 具备较强的资源整合能力

颖泰生物、凯盛新材均为在各自细分领域具有一定核心竞争力的企业，而华邦健康管理层对不同领域业务有着较为深刻的理解，在并购后充分发挥出协同优势，使得母公司及两家被并购公司的竞争力都得到显著增强，产生了"1+1>2"的效果。由于两家被并购公司始终保持着较强的盈利能力，最终实现了分拆上市，保障了各方利益最大化。

华邦健康已发展为一家控股型上市公司，主要承担管理职能，具体经营业务下沉至各业务板块子公司，各板块业务经营主体之间在资产及业务方面均保持较强的独立性。Wind 显示，近二十年时间内，华邦健康没有发生过诉讼仲裁事件、违规事件，可以看出华邦健康经营风险控制能力相对较强。

第7章 华兰生物：疫苗驱动血液制品龙头二次增长

　　2022年2月，华兰生物（股票代码：002007）旗下的流感疫苗龙头企业华兰疫苗（股票代码：301207）成功登陆深交所创业板。华兰生物成立于1992年，于2004年6月在深交所主板上市，主要从事血液制品研发、生产及销售。2005年，华兰生物启动第二增长曲线部署工作，与其股东香港科康有限公司（简称"香港科康"）共同成立华兰疫苗，主要从事疫苗的研发、生产与销售业务。华兰疫苗成立后，逐渐发展成为华兰生物新的利润增长点，在助力华兰生物提升盈利能力、品牌影响力，以及度过传统业务转型危机上发挥了重要作用。尽管不同行业的业务有所不同，但华兰生物对于第二增长曲线的业务选择仍有值得我们借鉴之处。本章将介绍华兰生物的基本情况、第二增长曲线培育过程及其对华兰生物的业绩贡献、华兰疫苗分拆上市后的发展与困境、案例反思等方面的内容。

第1节　历史沿革及经营概况

1. 从零出发，前瞻风险设新业

华兰生物的实际控制人为安康，直接持有华兰生物 17.9% 的股权，并通过重庆市晟康生物科技开发有限公司和香港科康（其实际控制人均为安康）间接持有华兰生物 27.34% 的股权。华兰生物自设立至上市，共经历四次增资，两次股权转让。上市次年，华兰生物与股东香港科康合资设立华兰生物疫苗有限公司（华兰疫苗前身），设立时注册资本为 3,800 万元。华兰疫苗自设立到分拆上市，共经历两次增资，一次股权转让。华兰生物及华兰疫苗的历史沿革情况如图 7-1 所示。

2. 乘主业东风，进军疫苗驱共振

华兰生物现拥有二十余家子公司、参股公司，其中重要子公司及参股公司如表 7-1 所示。围绕传统血液制品行业，华兰生物于 2005 年进军疫苗领域。在 2013 年，为培育新的利润增长点，华兰生物新设华兰基因工程有限公司，在基因工程重组及单克隆抗体药物领域打开局面，形成以血液制品、疫苗，以及重组药物、单克隆抗体为核心的多方位产业格局。但从产品结构看，如图 7-2 所示，血液制品在华兰生物业务结构中占据绝对优势，自华兰生物上市以来对主营业务收入的贡献大多在 70% 以上。

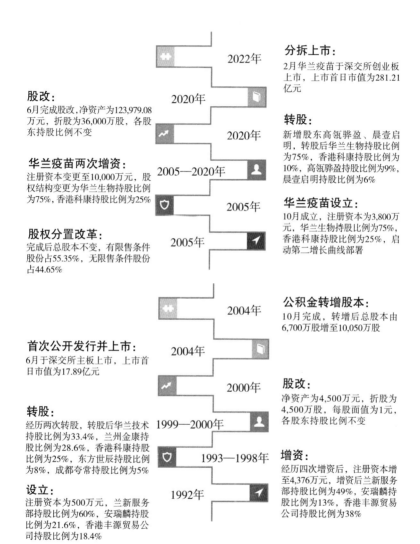

分拆上市：
2月华兰疫苗于深交所创业板上市，上市首日市值为281.21亿元

股改：
6月完成股改，净资产为123,979.08万元，折股为36,000万股，各股东持股比例不变

2022年

2020年

2020年

转股：
新增股东高瓴骅盈、晨壹启明，转股后华兰生物持股比例为75%，香港科康持股比例为10%，高瓴骅盈持股比例为9%，晨壹启明持股比例为6%

华兰疫苗两次增资：
注册资本变更至10,000万元，股权结构变更为华兰生物持股比例为75%，香港科康持股比例为25%

2005—2020年

2005年

华兰疫苗设立：
10月成立，注册资本为3,800万元，华兰生物持股比例为75%，香港科康持股比例为25%，启动第二增长曲线部署

股权分置改革：
完成后总股本不变，有限售条件股份占55.35%，无限售条件股份占44.65%

2005年

公积金转增股本：
10月完成，转增后总股本由6,700万股增至10,050万股

2004年

2004年

首次公开发行并上市：
6月于深交所主板上市，上市首日市值为17.89亿元

股改：
净资产为4,500万元，折股为4,500万股，每股面值为1元，各股东持股比例不变

2000年

转股：
经历两次转股，转股后华兰技术持股比例为33.4%，兰州金康持股比例为28.6%，香港科康持股比例为25%，东方世辰持股比例为8%，成都夸常持股比例为5%

1999—2000年

1993—1998年

增资：
经历四次增资后，注册资本增至4,376万元，增资后兰新服务部持股比例为49%，安瑞麟持股比例为13%，香港丰源贸易公司持股比例为38%

设立：
注册资本为500万元，兰新服务部持股比例为60%，安瑞麟持股比例为21.6%，香港丰源贸易公司持股比例为18.4%

1992年

图7-1 华兰生物及华兰疫苗历史沿革

数据来源：华兰生物公告。

表 7-1　华兰生物重要子公司及参股公司

子公司名称	直接持股比例	主营业务
华兰生物工程重庆有限公司	100%	血液制品生产
华兰生物疫苗有限公司	67.5%	疫苗生产
华兰生物工程（苏州）有限公司	75%	生物制品生产
华兰生物医药营销有限公司	80%	生物制品销售
华兰基因工程有限公司	40%	单克隆抗体及重组药物的研发、生产

数据来源：华兰生物公告。

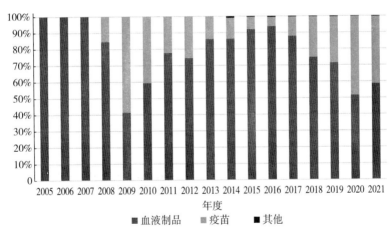

图 7-2　华兰生物历年主营业务收入的构成

数据来源：华兰生物公告。

第 2 节　第二增长曲线培育及业绩贡献

1. 无畏艰难，扎实培育迎契机

作为华兰生物原生培育的业务，华兰疫苗经历了以下从萌芽到成长、成熟的发展之路：

（1）**源起（2005）：单一产品结构下的警觉**

华兰生物上市后专注于血液制品领域，在生产设备、生产工艺、产品品种等方面实力均位于行业前列。2004 年，国家四部委联合对单采血浆站进行整顿，全国关停了部分单采血浆站。华兰生物单采血浆站虽未遭关停，但全国原料血浆供应紧张对华兰生物原料血浆的供给造成较大影响。为抵御单一产品结构依赖风险，华兰生物确立了以血液制品为主业，同时进军疫苗、诊断试剂、基因工程等领域的目标，以使产品链从血液制品向预防、治疗性疫苗延伸。2005 年 10 月，华兰疫苗成立，疫苗产品研制工作由此开启。

（2）**培育（2005—2008）：压力之下稳步过渡**

2006 年，国家卫生部等九部委发布《关于单采血浆站转制的工作方案》，要求单采血浆站不再由县级卫生行政部门设置，而由血液制品生产企业设置和管理，以强化对单采血浆站的监管，防范艾滋病等血液传播疾病，并要求现有单采血浆站被血液制品生产企业收购。2006 年 12 月 31 日前，未完成转制或未被血液制品生产企业收购的单采血浆站，将被注销《单采血浆许可证》。2007年，为缓解上述规定出台导致的原料血浆供应紧张问题，国家出台《单采血浆站管理办法》，明确血液制品行业优势企业（注册血液制品达到6个品种）可以新建单采血浆站。面对政策风向的变化，华兰生物一方面加强血浆综合利用，优化产品结构，并开始规划新建单采血浆站；另一方面，华兰疫苗生产的流感病毒裂解疫苗于2008年首次实现盈利，第二增长曲线业务开始走向正轨。

（3）爆发（2009—2010）：**流感疫情下捷足先登**

2009—2010年是华兰生物血液制品业务因产品结构调整、受政策影响安排新设采血站等转型需要而十分艰难的两年。但在这两年中，其第二增长曲线业务却蓬勃发展。甲型H1N1流感爆发，中华兰疫苗在全球率先研制出甲型H1N1流感疫苗。因此，华兰疫苗承担了国家近40%的疫苗收储任务，业绩呈现爆发式增长，甲型H1N1流感疫苗（简称"甲流疫苗"）市场占有率居行业之首。此外，其甲流疫苗临床研究报告刊登于国际顶尖医学杂志——《新英格兰医学杂志》（*The New England Journal Medicine*），"华兰"品牌在国内及国际影响力显著增强。

（4）平稳（2011—2017）：**研发蓄力下韬光养晦**

2011年，随着甲型H1N1流感结束，华兰疫苗的该类疫苗收入大幅下降。为维持业绩增长，华兰疫苗一方面加强疫苗多品类研发，并于2012年实现小儿剂型流感病毒裂解疫苗等三类新疫苗的上市销售；另一方面，开始进军海外疫苗市场。2015年，华兰疫苗流感病毒裂解疫苗通过WHO（World Health Organization，世界卫生组织）认证，创造我国首家取得世界卫生组织预认证的流感疫苗生产企业的先例。2017年，华兰疫苗取得乌克兰的流感疫苗GMP（Good Manufacturing Practice，良好生产规范）证书和注册证书、科特迪瓦流脑疫苗注册证书，并实现出口流感疫苗60.7万人份。

2011—2017 年，虽然受甲型 H1N1 影响导致销量下降但受海外销售其他品类疫苗对冲影响，华兰疫苗收入维持在 1 亿—2 亿元左右，为平稳发展阶段。

（5）**二次爆发（2018—2021）：研发积淀下业务成熟**

多年研发积淀之下，华兰疫苗业务逐步走向成熟。2018 年，华兰疫苗是我国首家及独家获准上市四价流感病毒裂解疫苗的企业，且当年华兰疫苗的流感疫苗批签发在全国流感疫苗批签发中占比达 52.85%，市场占有率位居国内首位。疫苗新产品的上市销售使华兰疫苗 2018 年营业收入和净利润均大幅增长，实现营业收入 8.03 亿元，较上年同期增长 182.75%，净利润为 2.7 亿元，较上年同期增长 451.38%。

在各品类疫苗中，四价流感病毒裂解疫苗是华兰疫苗业绩增长的"财富密码"，使其自 2018 年直至完成分拆上市期间稳居流感疫苗行业龙头。2018—2020 年，华兰疫苗流感疫苗批签发数量分别为 852.3 万剂、1,293.4 万剂和 2,315.3 万剂，其中四价流感病毒裂解疫苗批签发数量分别为 512.2 万剂、836.1 万剂和 2,062.4 万剂，均居国内首位，且 2021 年继续保持全国第一。

（6）**阶段性成果（2022）：分拆上市之战告捷**

鉴于华兰疫苗的疫苗制品业务已经十分成熟，且与华兰生物其他业务板块尤其是血液制品板块之间保持较高独立性。2020 年 11 月，华兰生物启动华兰疫苗的分拆上市工作。2022 年 2 月，华兰疫苗于深交所创业板成功上市，华兰生物的第二增长曲线布局取得里程碑式突破。

2. 迎市场红利，疫苗业务助力业绩新增长

自华兰生物于 2005 年启动第二增长曲线业务部署至完成华

兰疫苗成功分拆上市，第二增长曲线业务在提升华兰生物盈利
能力和帮助其平稳度过危机上均发挥了重要作用。如图 7-3、图
7-4 所示，在 2013 年之前，由于国家政策原因，华兰生物血液制
品业务处于艰难转型阶段，营业收入增长乏力，尽管之后态势有
所向好，但势头仍不足，且毛利率自 2010 年起缓步下滑。如图
7-5 所示，疫苗作为第二增长曲线业务，分别于 2009 年、2018

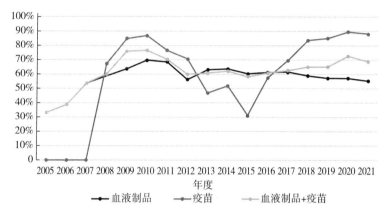

图 7-3　华兰生物血液制品及疫苗历年毛利率变化

数据来源：华兰生物公告。

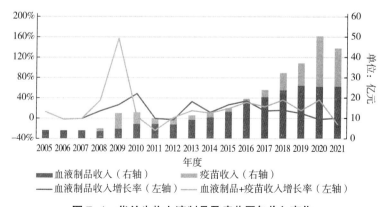

图 7-4　华兰生物血液制品及疫苗历年收入变化

数据来源：华兰生物公告。

年两次点爆市场，对华兰生物业绩增长起到助推作用——2009
年，华兰生物销售净利率为 61.63%，加权平均净资产收益率为
43.29%，为上市以来最高点；2018 年，销售净利率从 33.94% 跃
升至 37.60%，加权平均净资产收益率从 18.48% 跃升至 22.36%。
尽管疫苗业务毛利率和营业收入增长率波动幅度较大，但从绝对
值上来说，其毛利率在整体上显著高于血液制品，营业收入也一
直保持正向增长，推动华兰生物整体业绩稳步上升。

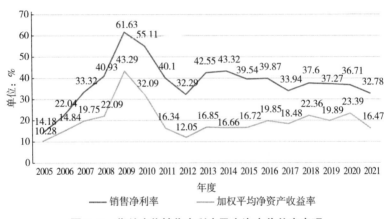

图 7-5　华兰生物销售净利率及净资产收益率表现

数据来源：华兰生物公告。

第 3 节　分拆上市及上市后

1. 多产品 + 特色产品显优势

华兰疫苗是一家从事人用疫苗研发、生产、销售的高新技术
企业。如表 7-2 所示，华兰疫苗主要产品为人用疫苗，已上市产

品分为病毒性疫苗、细菌性疫苗和基因重组类疫苗，其中以流感疫苗中四价流感病毒裂解疫苗为主。在流感疫苗的研发、生产、销售中，华兰疫苗主要以"人无我有，人有我优"的竞争优势逐步占领市场。

2009 年，华兰疫苗研制出全球首批甲型 H1N1 流感病毒裂解疫苗。该产品获得国家科学技术部、国家质量监督检验检疫总局等机构联合颁发的《国家重点新产品证书》。2018 年，华兰疫苗上市的四价流感病毒裂解疫苗成为国内首批获得上市批准的四价流感病毒裂解疫苗产品。2022 年 2 月，华兰疫苗取得国内首家四价流感病毒裂解疫苗（儿童剂型）的《药品注册证书》，填补了国内市场空白，亦进一步巩固了华兰疫苗在流感疫苗行业中的优势地位。

表 7-2　华兰疫苗主要产品类别及用途

产品类别		主要用途
病毒性疫苗	三价流感病毒裂解疫苗	接种本疫苗后，可刺激机体产生抗流感病毒的免疫力，用于预防本株病毒引起的流行性感冒
	四价流感病毒裂解疫苗	接种本疫苗后，可刺激机体产生抗流感病毒的免疫力，用于预防疫苗相关型别的流感病毒引起的流行性感冒
	甲型 H1N1 流感病毒裂解疫苗	接种本疫苗后，可刺激机体产生针对甲型 H1N1 流感病毒的抗体，用于此型病毒所致流感流行的免疫预防
细菌性疫苗	ACYW135 群脑膜炎球菌多糖疫苗	本品用于预防 A 群、C 群、Y 群及 W135 群脑膜炎奈瑟球菌引起的流行性脑脊髓膜炎
	A 群 C 群脑膜炎球菌多糖疫苗	可使机体产生体液免疫应答，用于预防 A 群和 C 群脑膜炎奈瑟球菌引起的流行性脑脊髓膜炎
基因重组类疫苗	重组乙型肝炎疫苗（汉逊酵母）	接种后，可刺激机体产生抗体抵抗乙型肝炎病毒，用于预防乙型肝炎

数据来源：华兰疫苗公告。

2. 光下阴影，喜人业绩含隐忧

尽管华兰疫苗产品较为多样，但从收入贡献率看，四价流感病毒裂解疫苗自其上市以来其收入贡献率是最高的。如图 7-6 所示 2018—2020 年四价流感病毒裂解疫苗的营业收入占比分别为 74.73%、92.59%、96.68%。这一不平衡的结构也为后续业绩滑坡埋下伏笔。

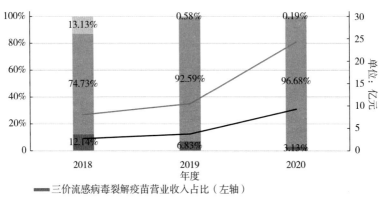

图 7-6　华兰疫苗营业务收入构成情况

数据来源：华兰疫苗公告。

3. 先人一步，同中有异占高地

目前，国内从事生产流感疫苗的企业主要有金迪克（股票代码：688670）、百克生物（股票代码：688276）等。国内流感疫苗研发管线主要集中在四价流感病毒裂解疫苗，且各企业不断拓展适用年龄段，旨在实现全人群覆盖。根据华安证券研究所的数据，我国流感疫苗整体接种率约为 5%，与美国的 48.4% 相差甚远，预计未来 2—3 年流感疫苗整体供给将不断增加，至 2025 年国内流感疫苗市场将达到 93 亿元。

2022 年上半年，市场中主要竞争者的个股业绩指标对比情况如表 7-3。其中华兰疫苗因 2022 年 5 月下旬就获得首批四价流感病毒裂解疫苗的批签发并实现销售，相较于往年 7 月份才开始批签发提前约 2 个月，业绩增幅较大。

表 7-3　2021 上半年至 2022 上半年疫苗行业个股业绩指标

证券名称	2021 上半年					
	总市值（亿元）	市盈率（PE，TTM）	营业收入同比增长率（%）	扣非归母净利润同比增长率（%）	销售毛利率（%）	销售净利率（%）
华兰疫苗	—		392.5	−11.5	91.2	−265.7
金迪克	74.8	—	−63.3	−46,867	85.3	−72.6
百克生物	339.4	114.6	−3.0	−21.7	88.3	23.8
康泰生物	795.8	135.4	21.0	16.5	84.4	32.0
智飞生物	2,563.2	41.0	88.3	263.7	58.3	41.7
沃森生物	1,130.8	76.6	135.4	318.2	87.7	30.2
康华生物	160.5	50.7	23.2	34	92.2	45.0
证券名称	2022 上半年					
	总市值（亿元）	市盈率（PE，TTM）	营业收入同比增长率（%）	扣非归母净利润同比增长率（%）	销售毛利率（%）	销售净利率（%）
华兰疫苗	216.4	25.1	9,624.8	732.8	88.4	28.4
金迪克	38.5	50.3	−48.9	−10.9	88.9	−105.3
百克生物	247.7	153.2	−24.3	−47.7	88.2	16.7
康泰生物	374.5	48.3	73.7	−70.8	86.7	6.6

（续表）

证券名称	2022 上半年					
	总市值（亿元）	市盈率（PE，TTM）	营业收入同比增长率（%）	扣非归母净利润同比增长率（%）	销售毛利率（%）	销售净利率（%）
智飞生物	1,552.8	21.0	39.3	−32.6	33.5	20.3
沃森生物	704.9	146.4	74.0	100.5	87.5	21.4
康华生物	139.1	17.4	19.5	23.6	93.9	47.8

数据来源：华兰疫苗公告。

截至 2021 年 12 月，我国获得批签发的流感疫苗包括三价流感病毒裂解疫苗、三价流感减毒活疫苗、三价流感病毒亚单位疫苗以及四价流感病毒裂解疫苗。2018—2020 年，华兰疫苗的流感疫苗总批签发量及四价流感病毒裂解疫苗批签发量的市场占有率均位于同行业第一，但在批签发总量增加的同时市场占有率出现下滑。市场占有率下降的主要原因为民众流感疫苗接种意识逐步提升使国内流感疫苗市场供不应求。为应对流感疫苗市场需求的变化，一方面传统流感疫苗企业相继提高了产量，另一方面其他疫苗企业如科兴生物、金迪克等纷纷加入流感疫苗尤其是四价流感病毒裂解疫苗的研发、生产行列，导致国内流感疫苗行业呈现生产企业、疫苗产量双增加的趋势，流感疫苗市场竞争日趋激烈。

而在三价流感病毒裂解疫苗赛道，市场同质化较为严重，如表 7-4 及表 7-5 所示，华兰疫苗无论在产品上市时间、单价、签发量上均无明显优势。

表 7-4 流感疫苗批签发量（万支/瓶/剂；%）

公司名称	2020 年				2019 年				2018 年			
	总体		四价流感病毒裂解疫苗		总体		四价流感病毒裂解疫苗		总体		四价流感病毒裂解疫苗	
	批签发量	市场占有率（%）	批签发量	市场占有率（%）	批签发量	市场占有率（%）	批签发量	市场占有率（%）	批签发量	市场占有率（%）	批签发量	市场占有率（%）
华兰疫苗	2,315.3	40.16	2,062.4	61.41	1,293.4	42.02	836.1	86.10	852.3	52.77	512.2	100.00
长春所	666.4	11.56	502.4	14.96	612.5	19.90	—	—	406.0	25.14	—	—
赛诺菲	892.1	15.47	—	—	573.8	18.64	—	—	120.3	7.45	—	—
科兴生物	1,073.7	18.62	366.5	10.91	423.6	13.76	—	—	2.7	0.17	—	—
大连雅立峰	137.7	2.39	—	—	40.2	1.31	—	—	163.1	10.10	—	—
国光生物	30.4	0.53	—	—	—	—	—	—	38.5	2.38	—	—
金迪克	424.0	7.35	424.0	12.63	135.0	4.39	135.0	13.90	—	—	—	—
中逸安科	5.4	0.09	—	—	—	—	—	—	32.3	2.00	—	—
百克生物	156.7	2.72	—	—	—	—	—	—	—	—	—	—
上海所	60.8	1.05	—	—	—	—	—	—	—	—	—	—
武汉所	2.9	0.05	2.9	0.09	—	—	—	—	—	—	—	—
合计	5,765.4	100.00	3,358.2	100.00	3,078.4	100.00	971.0	100.00	1,615.1	100.00	512.2	100.00

数据来源：华兰疫苗公告。

表7-5 流感疫苗主要企业产品对比

公司名称	疫苗类型	接种方式	适用人群	上市时间	单价（元）	2020年批签发量（万支）	产能（万支）
华兰疫苗	流感病毒裂解疫苗（三价）	肌注	6月龄—3岁/3岁以上	2011/2008	30—50	252.85	3,000
	流感病毒裂解疫苗（四价）	肌注	3岁/3岁以上	2018	100—135	2,062.40	
	流感病毒裂解疫苗（四价）	肌注	6月龄—35个月	2022	—	—	—
金迪克	流感病毒裂解疫苗（四价）	肌注	3岁以上	2019	125—140	424.03	1,000
百克生物	流感减毒活疫苗（三价）	鼻喷	3—17岁	2020	298	156.69	1,440
科兴生物	流感病毒裂解疫苗（三价）	肌注	6月龄—3岁/3岁以上	2005	30—55	707.26	—
	流感病毒裂解疫苗（四价）	肌注	3岁以上	2020	100—135	366.49	—
赛诺菲	流感病毒裂解疫苗（三价）	肌注	6月龄—3岁/3岁以上	2013	40—80	892.05	—

（续表）

公司名称	疫苗类型	接种方式	适用人群	上市时间	单价（元）	2020年批签发量（万支）	产能（万支）
长春所	流感病毒裂解疫苗（三价）	肌注	6月龄—3岁/3岁以上	2007/2004	30—55	163.97	—
	流感病毒裂解疫苗（四价）	肌注	3岁以上	2020	100—135	502.42	—
大连雅立峰	流感病毒裂解疫苗（三价）	肌注	6月龄—3岁/3岁以上	2005	20—65	137.70	—
上海所	流感病毒裂解疫苗（三价）	肌注	6月龄—3岁/3岁以上	2004/2001	30—55	60.78	—
	流感病毒裂解疫苗（四价）	肌注	3岁以上	2021	125—140	0	—
国光生物	流感病毒裂解疫苗（三价）	肌注	6月龄—3岁/3岁以上	2015	125—145	30.37	—
中逸安科	流感病毒裂解疫苗（三价）	肌注	3岁以上	2010	165—185	5.37	—
武汉所	流感病毒裂解疫苗（四价）	肌注	3岁以上	2020	100—125	2.89	—

数据来源：华兰疫苗公告。

141

4. 业绩下滑，加大研发避风险

华兰疫苗产品结构相对单一，加之疫苗研发周期长、研发过程复杂，因此应对市场风险能力较差。例如，2021年下半年尤其是第四季度，3—17岁人群开始大规模接种新冠疫苗，与流感疫苗的接种人群和接种时间重合从而导致许多流感疫苗接种群体（老年人和婴幼儿为主）在接种新冠疫苗后，往往不会再接种流感疫苗。上述情形导致华兰疫苗2021年营业收入同比下降24.59%，净利润同比下降32.86%。

面对业绩增长瓶颈，华兰疫苗立足主业，持续加大研发投入，并不断丰富产品线，培育新的利润增长点。2018—2021年，每年研发投入分别为5,297.65万元、7,304.20万元、11,093.75万元、14,707.38万元，占当年的营业收入的比例分别为6.60%、6.96%、4.57%、8.04%。

2022年2月，华兰疫苗生产的四价流感病毒裂解疫苗（儿童剂型）取得《药品注册证书》，成为国内首个上市的婴幼儿剂型的四价流感疫苗。根据《中国流感疫苗预防接种技术指南（2022—2023）》要求，6月龄—8岁儿童首次接种流感疫苗应接种2剂次，这能给华兰疫苗带来一定的收入增量。

此外，华兰疫苗已搭建了"流感病毒疫苗研发和规模化生产技术平台""基因工程疫苗技术平台""多联多价疫苗技术平台""大规模培养哺乳动物细胞及疫苗通用制备工艺技术平台"四个核心技术平台。依托研发技术平台优势，华兰疫苗研发的人用狂犬病疫苗、破伤风疫苗等已申报进行生产，同时吸附无细胞百（三组分）白破联合疫苗、冻干b型流感嗜血杆菌结合疫苗（Hib疫苗）、A群C群脑膜炎球菌多糖结合疫苗、新型冠状病毒肺炎疫苗等多个疫苗正在按计划开展临床或临床前研究。

从市场环境来看，华兰疫苗或迎来新一轮的业绩爆发。自2022年以来，流感疫苗接种受新冠疫苗挤兑因素不断弱化，加之过去两年如戴口罩等防疫措施积累了大量易感人群，群体免疫屏障有所削弱，流感发病人数开始回升，流感疫苗在2023年市场有望回暖。

第4节　总结与思考

1. 先发优势，产品结构单一化的良药

抢占市场是企业成功的基本要素，要想实现这一点，一种方法是成为"第一个吃螃蟹的人"，例如本例中的华兰疫苗。华兰疫苗之所以能取得成功，得益于其独到的眼光，提前展开布局，并精准地抓住时代风口。但随着时间推移，竞争对手对其市场占有率的蚕食也显而易见。由于四价流感病毒裂解疫苗的破解门槛并不高，当同质化开始出现，这一市场将成为红海，价格战也终将来临。另一种方法是构建高技术壁垒。比如可口可乐的秘方，即便经历数年依然无人得以突破，独占鳌头。然而要做到这一点谈何容易。因此，单一产品结构具有原生风险，企业需要依靠多元化的产品组合进行风险对冲，打造自己的业务护城河。然而存在的悖论是，企业发展有其天然逻辑，通常是围绕一大主业逐渐壮大，在这一过程中，企业通常难以有足够的精力布局其他领域，这就需要企业领导团队提前知晓第二增长曲线的意义，在适合的时机予以布局。

2. 本益结合，打磨精品以效益为先

华兰生物第二增长曲线的发展历程可谓"惊险"，因为疫苗是一个研发时间长、研发过程复杂、资金投入大、回报周期长的业务领域。而华兰疫苗发展初期，也是华兰生物受政策影响，业绩最不乐观、前景最不明朗之时，所幸疫苗业务与血液制品业务收入波动顺利衔接。如果华兰疫苗在研发疫苗产品试验进度不及预期，或无法成功上市销售，或其他竞争对手生产出质量更高的流感疫苗，又或出现疫苗监管政策变化、接种者接种意愿变化、产品推广策略无法适应市场变化等影响产品销售推广情形，或许华兰疫苗面临的就不是分拆上市的未来，而是另一个故事。因此，在第二增长曲线的开局方式上，企业应当始终以降本增效为核心，针对现实发展阶段、研发团队、业务资源、市场环境等情况综合判断。是选择并购还是原生培育，是选择与原主业类似的行业还是进入全新领域，都需要深思熟虑，因为开弓没有回头箭，第二增长曲线的成熟并非一日之功，其可能是新的利润增长点，但也可能成为拖垮企业的最后一根稻草。

3. 孜孜不倦，分拆上市是起点而非终点

本例中，尽管华兰疫苗分拆上市成功，但一声炮响之后似乎又走了华兰生物的老路——因产品结构单一而遭遇业绩"过山车"。其中原因在于，尽管华兰疫苗也有其他的疫苗品类，但与流感疫苗这条业务线的成熟度相差甚远，导致该业务出现问题时，其他业务线无法有效衔接以贡献收入。事实上这一问题早在2016年便已显现，当时受山东疫苗事件影响，华兰疫苗业绩曾大幅下滑。可见，即便是第二增长曲线也应在其本身的构建过程中

及时形成多向思维，合理布局各项生产要素，让多条业务线并驾齐驱并有效衔接，而这需要企业管理层的全局观及强大的战略团队支持。只有将超前的战略布局和强大的执行力相结合，才能使这条曲线"弯曲"更少、"增长"更多。

第 8 章 和而泰：智能控制器龙头切入射频芯片领域

2022 年 6 月，智能控制器龙头企业和而泰（002402）旗下子公司铖昌科技（001270）正式登陆深交所主板，发行价为 21.68 元 / 股，募资 6.06 亿元。铖昌科技主要从事微波毫米波模拟相控阵 T/R 芯片的研发、生产和销售，是中国唯一一家承担国家大型装备型号任务射频芯片供应的民营企业。2018 年 5 月，和而泰以 6.24 亿元收购铖昌科技 80% 的股权，切入射频芯片领域。凭借高度聚焦的定位和自主可控的研发能力，铖昌科技的产品已批量应用于高分重大专项、二代中继、北斗二代导航、卫星通信等航空航天专业装备领域。2021 年铖昌科技营业收入突破 2 亿元，净利润达到 1.60 亿元，同比增长 251.7%。此次收购使得和而泰成了控制器行业少有的掌握 IC 设计和技术的公司，在全球智能控制器行业中具备更独特、更专业的核心竞争力。深耕智能控制器的和而泰经历了哪些探索第二增长曲线的实践？又是如何在夯实主业的基础上，通过外延并购实现了非线性增长？我们将从和而泰二十载的发展历程中寻求答案。

第1节　历史沿革及经营概况

1.哈工大教授创业，拿下国际家电巨头

和而泰是智能控制器龙头企业之一，主打智能控制器产品，产品涵盖家用电器、电动工具、智能家居、汽车电子等领域。以清华大学和哈尔滨工业大学（简称"哈工大"）两所著名高校为股东背景与后台资源，和而泰积累了强大的研发优势、综合运营能力，数十年来在全球行业竞争格局中处于领先地位。表8-1为和而泰的发展历程。

表8-1　和而泰发展历程

年份	历程
2000	·深圳市和而泰电子科技有限公司成立，注册资本为500万元
2002	·营业收入突破1亿元，进入市场开拓新阶段
2003	·进入家电巨头伊莱克斯供应链，进军国际市场
2007	·整体变更为股份公司，6月30日公司净资产按照1:0.6771的比例折股，注册资本为5,000万元
2010	·在深交所上市，募集资金达1.47亿元
2011	·使用超募资金设立全资子公司和而泰照明，进入LED照明领域
2014	·布局物联网智慧平台C-Life，设立全资子公司和而泰家居在线网络科技有限公司、和而泰数据资源与云技术有限公司、云栖小溪科技有限公司、和而泰智能家居科技有限公司
2015	·中标BSH博西家电约13.18亿元洗衣机控制器项目；中标伊莱克斯约7700万元/年干衣机控制器项目

（续表）

年份	历程
2018	· 全资子公司以5500欧元收购意大利NPE公司55%的股权，加速全球化布局 · 以6.24亿元收购铖昌科技80%的股权，进入微波毫米波射频芯片领域
2019	· 再度中标BSH博西家电约15亿元项目，分4年履行完成；成立和而泰汽车电子科技有限公司
2020	· 汽车领域实现突破，中标博格华纳、尼得科等多个平台的汽车电子订单
2022	· 分拆子公司铖昌科技在深交所主板上市，和而泰持股62.97%

资料来源：和而泰招股书。

1999 年，首届中国国际高新技术成果交易会上，清华大学和哈尔滨工业大学达成合作意向。哈工大航天学院自动控制系教授刘建伟、清华科技、拓邦电子、哈工大实业四名股东于次年正式成立和而泰电子科技有限公司。公司定位为"控制器行业的领头羊"，由刘建伟持股 50% 并担任总经理。和而泰成立的第二年，就一炮打响拿下了国内家电老大海尔的电冰箱控制器开发任务，实现了超过 3,000 万元的年销售收入。在海尔、科龙、美的等国内知名家电企业纷纷成为客户之后，刘建伟把目光瞄准了"世界五百强"家电企业伊莱克斯，凭借过硬的技术实力成功地打入其供应链。在资本市场的助力下，和而泰快马加鞭，成为西门子、松下、惠而浦、伊莱克斯等全球著名跨国公司的核心供应商。

2. 深耕二十载，在智能控制器领域稳扎稳打

2010 年 5 月 11 日，和而泰在深交所原中小板上市，图 8-1 是和而泰上市以来的业绩表现。截至 2021 年，上市以来营业收入和归母净利润的复合年均增长率分别为 24.51% 和 23.96%。主

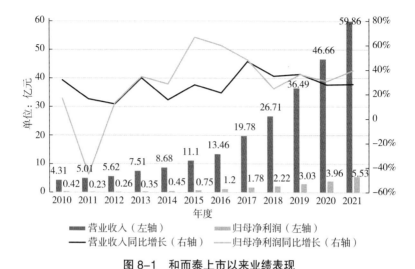

图8-1　和而泰上市以来业绩表现

资料来源：和而泰公告。

业方面，和而泰在智能控制器领域稳扎稳打，2015年和2019年接连中标BSH博西家电（博世和西门子共同成立的合资公司）约13亿元和15亿元的项目，为业绩持续高增长奠定基础。外延方面，2018年和而泰接连收购铖昌科技和NPE两家公司并实现并表，为盈利能力再添新动能。

和而泰的传统业务在智能控制器领域，主要产品是家用电器智能控制器与电动工具智能控制器。两者合计贡献公司80%以上的收入，其中接近70%的产品销往海外。

和而泰业绩增长的背后是家用电器、汽车等行业不可阻挡的智能化浪潮以及智能控制器市场应用场景的增多。随着下游终端厂商竞争加剧，需投入更多精力在研发核心科技，和而泰更倾向于将智能控制器外包生产。而我国企业在产业链协同、人工成本等方面有较强的比较优势，智能控制器订单向国内转移的趋势明显，公司所处行业产生大量新的需求。从近年销量来看，和而泰和拓邦股份稳坐双龙头地位，且市场占有率仍有稳步提高的趋势。

3. 大客户依赖，传统中低端智控器毛利率下行

尽管多年来在市场占有率上占据稳定优势，但是和而泰仍面临着市场竞争压力，直观表现为营业收入增速放缓——从 2017 年的 47% 降至 2021 年的 28%，2020 年更是被拓邦股份以 35% 的营业收入增速和 61% 的净利润增速全面反超。同时，和而泰还存在客户依赖度高、传统中低端智控器毛利率下行等问题。

家电智能控制器的终端产品市场格局相对成熟，而和而泰采用"高端市场、高端客户、高端产品"的战略定位，以优质大客户为导向，因此其高端市场份额主要集中在伊莱克斯、西门子等巨头手中。下游行业的结构特点导致和而泰的客户相对集中。例如 2009 年，来自伊莱克斯的销售收入占和而泰主营业务收入的 35.26%。2015—2021 年，和而泰前五大客户销售额占比均高于 50%，2017 年一度超过 60%，远高于可比公司——拓邦股份，如图 8-2 所示。

图 8-2　和而泰与拓邦股份客户集中度对比

资料来源：和而泰与拓邦股份公告。

随着智能控制器的产品复杂程度和产品附加值不断提高，毛利率理应随产品单价的提升而整体呈现上升趋势，但和而泰的毛利率却始终在行业中游水平徘徊，如图 8-3 所示。在可预见的未来，传统中低端智控器毛利率下行是必然趋势，进一步开拓高端

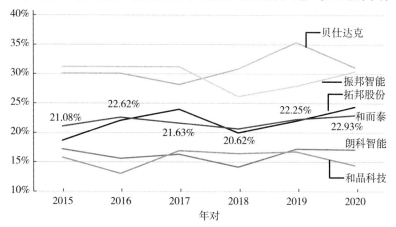

图 8-3　和而泰可比公司智能控制器毛利率

资料来源：可比公司公告。

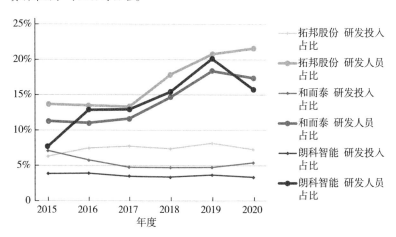

图 8-4　和而泰可比公司研发投入

资料来源：可比公司公告。

智控器的广阔市场是提升综合毛利率的必然选择。

和而泰的研发投入也稍显薄弱，如图 8-4 所示。2015—2017年和而泰的研发投入占比分别为 7.09%、5.77%、4.75%，逐年下降且始终在低位徘徊，研发投入占比和研发人员占比均低于拓邦股份，研发人员占比也低于后来者朗科智能。

面对智能控制器业务竞争加剧、毛利率下行的市场风险，稳固第一曲线并逐步拓展第二增长曲线是行业龙头不得不思考的问题。

第 2 节　第二增长曲线培育及业绩贡献

面对来自市场的新挑战，在夯实主业的基础上，和而泰多年来不断希望通过外延并购切入其他领域，谋求非线性发展，围绕主业选择合适标的，进行战略性投资。和而泰主要收购及新设子公司如表 8-2 所示。

表 8-2　和而泰主要收购及新设子公司

时间	子公司	主要业务	取得方式	参控关系	金额	持股比例	2021 年净利润（万元）
2009/06/22	顺德和而泰	家电与电子设备控制器	设立	控股	506.02万元	76.67%	1,999.41
2010/04/09	杭州和而泰智能控制	智能控制器	设立	控股	604.17万元	90.63%	3,316.53
2011/02/08	和而泰智能控制国际	电子器件	设立	全资	1,000万港元	100%	3,868.89
2011/07/20	深圳和而泰照明	LED 智能照明	设立	控股	700 万元	70%	—

（续表）

时间	子公司	主要业务	取得方式	参控关系	金额	持股比例	2021年净利润（万元）
2014/06/10	深圳和而泰智能家电	智能家电控制器	设立	全资	3,000万元	100%	−312.25
2015/07/20	浙江和而泰智能科技	家电智能控制系统集成	设立	全资	1亿元	100%	−989.83
2016/01/21	深圳和而泰小家电	智能家电、汽车电子控制器	设立	控股	1,700万元	85%	3,252.20
2018/02/23	意大利 NPE S.R.L	智能控制器产品	收购	间接控股	433.05万欧元	55%	308.12万欧元
2018/06/01	铖昌科技	微波毫米波模拟相控阵T/R芯片	收购	参股	6.24亿元	80%	15,997.53
2019/05/16	和而泰智能控制（越南）	智能控制器产品	设立	全资	500万美元	100%	3,937.51
2019/07/04	和而泰汽车电子科技	汽车电子智能控制器	设立	全资	1000万元	100%	−2,804.29

资料来源：和而泰公告。

1. LED 照明：6 年后的无奈退场

2011 年 5 月，和而泰因看重 LED 产业广阔的市场前景和可观的市场规模，出资 700 万元设立子公司和而泰照明，和而泰持股70%，尝试在原有智能控制器应用领域基础上，开辟新的业务增长点。和而泰提出"LED 现代照明产品研发与产业化项目"计划，总投资1亿元，先期投入1,000万元，在2013年12月31日前逐步投入剩余9,000万元。董事长刘建伟充满信心地谈道，公司所在的智能控制行业也是充分竞争行业，在LED照明领域，我们仍将一如既往，凭借自身实力成为行业里受尊敬的"正规军"和领军企业。

然而彼时的LED行业因之前两年大规模扩产而陷入供给过剩的困境，高毛利率已成为行业过去式。新入局者只能从成本控制出发，借助成熟的LED技术和先进设备带来的后发优势找到生存空间。和而泰照明交出的成绩单颇为惨淡，见图8-5，成立以来一直处于亏损状态，到2016年年底已处于资不抵债的状况；2015年5月，和而泰转让部分和而泰照明股权，持股比例由100%降至70%；2017年4月，和而泰无奈将其持有的60%股权以0元转让给自然人，持股比例降至10%。

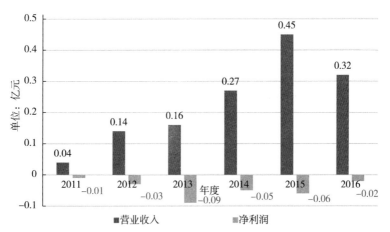

图8-5 和而泰照明公司2011—2016年业绩表现

资料来源：和而泰公告。

从当时国内LED市场发展情况来看，尽管中小企业洗牌加剧，但从市场整体看仍有良好的发展前景。全球四分之三以上的 LED 产品在中国生产，且汽车照明、工业照明、智能照明等细分领域仍保持可观的增速。和而泰作为智能控制器的龙头企业，可以基于其深厚的技术积累，在智能照明这一下游应用领域有所突破。

2. 物联网：大数据产业链上的有效延伸

自思科提出"万物互联"以来，新一代互联网平台与大数据运营服务平台逐步兴起。和而泰意识到智能硬件、物联网与大数据运营同为大数据整体产业链的关键环节，有意将物联网作为公司智能控制器业务的有效延伸。

2015 年，和而泰正式发布物联网大数据平台 C-Life，依托大数据采集、场景建模及特征处理、机器学习模型训练等人工智能技术，实现跨服务场景、跨品牌、跨设备的互联互通。刘建伟认为和而泰搭建大数据平台具有独特优势，因为家庭行业的大数据平台，一定是属于第三方的公用平台，不适合做私有的；设备厂商不适合自己做大数据平台，因为存在竞争关系，只会管理自己的设备，只有自己品牌的数据，不能把所有设备打通；和而泰作为专业的第三方，不做整机，不会和品牌厂商形成竞争关系，还可以与更多的厂商、经销商广泛合作来确保数据准确性、实时性。

智能控制器作为家电、家居产品的核心器件，天然具有跨产品种类、跨设备品牌的通用性，这使得 C-Life 具备了入口能力。2016 年开始，和而泰的物联网布局在大数据产业链上全面开花，产品应用覆盖智能健康睡眠、智慧水生态、智慧酒店、智慧养老等场景，合作伙伴包括浙江电信、海尔、国美、阿里巴巴、华为、华润、百果园等企业。

3. 汽车智控：乘未来汽车架构发展之势

智能网联时代汽车电子成本将随自动化水平的提高而增长。2000 年乘用车中汽车电子成本占比为 20%，2015 年达到 40%，2025 年将达到 60%。和而泰敏锐地捕捉到汽车产业的电子电气架构向域控架构方向发展的趋势，将汽车电子智能控制器作为业务重点发展方向。

2019 年和而泰投资设立子公司深圳和而泰汽车电子科技有限公司。该公司业务聚焦在汽车车身控制系统类、热管理系统类、车身域控制系统等汽车电子智能控制器核心器件的研发、生产。管理层在规划布局上三线并进：第一，为全球 Tier1（一级汽车供应商）及传统整车厂提供智能控制器的硬件研发设计以及配套生产服务；第二，与新势力整车厂合作"研发 + 生产"；第三，从车身域控制技术切入进行自主研发。

图 8-6 展示了和而泰汽车电子智能控制器营业收入情况。尽管在总营业收入中占比不高，但汽车电子智控业务已经有了可圈

图 8-6 和而泰汽车电子智能控制器营业收入情况

资料来源：和而泰公告。

可点的表现。和而泰 2022 年第二季度实现销售收入 1.3 亿元，同比增长 75.54%，通过与博格华纳、尼德科等国际著名厂商和国内整车厂的合作，手握 80 亿元的订单，预计在未来 8—9 年间进行交付，届时每年能为公司贡献近 10 亿元的可观营业收入。为提升汽车电子智控业务的全球服务能力，和而泰汽车电子科技有限公司拟投入 4 亿元建设汽车电子全球运营中心，稳固公司第二增长曲线盈利能力。

然而，和而泰汽车电子科技有限公司目前提供的热管理系统、方向盘离手探测（Hands On/Off Detection, HOD）、天幕控制、UWB（Ultra Wide-Band, 超宽带无线通信技术）无钥匙启动等属于智能控制器的非核心领域，而核心的汽车智能控制器仍然掌握在电控系统集成商或整车厂手中。随着公司研发实力的增强，只有未来切入汽车智能控制器核心环节，和而泰才可能实现"成为汽车行业全球性千亿级别的一级供应商"的愿景。

4. 射频芯片：收购铖昌科技切入上游产业

通信芯片是物联网产业的基础技术与核心技术之一，而和而泰很早就是许多国际著名上游半导体公司的核心技术协作伙伴。例如，伊莱克斯的全球最有技术代表性的洗衣机智能控制器，就是由和而泰与全球电力电子半导体行业巨头美国 IR 公司和全球特种电机制造行业颇具影响力的日本 NIDEC 公司三方联手设计完成的。

和而泰控制器物料中 30%—40% 的成本来自 IC（Integrated Circuit, 集成电路）芯片，因此无论从供应链还是战略布局的角度考虑，集成电路是和而泰的一块必争之地，刘建伟这次看中的标的是铖昌科技。铖昌科技生产微波毫米波模拟相控阵 T/R 芯片，当时国内只有三家单位实现了规模量产，其中两家是军工的研究所，铖昌科技是唯一一家量产且承担国家大型装备型号任务射频芯片供应的民营企业。射频电路的设计在集成电路领域是难度最大的，能够做到宇航军工级别，其核心竞争力已得到验证。

2018 年 5 月，和而泰以 6.24 亿元收购铖昌科技 80% 的股权，按照铖昌科技 1.08 亿元的净资产公允价值，形成了 5.37 亿元的商誉，高溢价引发市场关注。董事长刘建伟称，和而泰作为一家智能控制器公司，很早就已经有切入上游 IC 芯片领域的想法，这成为和而泰的控制器业务的延伸。实际上两家公司渊源颇深，铖昌科技的首席科学家郁发新和刘建伟是哈工大校友，实控人丁文桓曾就职于哈工大参与建设的深圳航天科技创新研究院，前董事邓满娇也曾是和而泰的董事。和而泰通过此次收购，将在 IC 芯片行业具有稀缺核心技术和自主研发能力的铖昌科技作为了切入上游产业链核心技术的突破口。

第 3 节　分拆上市及上市后

1. 铖昌科技定位高度聚焦，雷达卫星双重需求

铖昌科技在被收购前已发展数年，实控人几经变更。2010 年 11 月，黄敏、朗晓黎、李伯玉三人创立铖昌科技；2014 年，铖昌科技由瑞泽丰投资公司接手；2016 年，铖昌科技承建微波毫米波芯片技术浙江省重点企业研究院，成为国内从事相控阵 T/R 芯片研制的主要民营科技力量；2018 年，铖昌科技在进行第六次股权转让时迎来控股股东和而泰。铖昌科技发展历程如表 8-3 所示。

表8-3　铖昌科技发展历程

年份	历程
2010	· 浙江铖昌科技有限公司成立，注册资本为714.29万元
2016	· 以2,066万元购买浙江大学模拟相控阵T/R芯片设计技术
2017	· 推出星载相控阵T/R芯片，在某型号卫星中已实现大规模应用
2018	· 和而泰以6.24亿元收购铖昌科技有限公司80%的股份，成为控股股东，刘建伟成为实控人
2020	· 铖昌科技有限公司整体变更为股份有限公司，和而泰持股62.97%
2022	· 铖昌科技（001270）正式登陆深交所主板，IPO增发33%股权，和而泰持股降至47.22%

资料来源：铖昌科技招股书。

和而泰接手后，针对相控阵T/R芯片业务制订并推行了一系列定位清晰、直击痛点的战略规划，聚焦高端复杂应用场景攻坚克难，打破高端射频芯片长期以来大规模应用成本高企的困局。铖昌科技的研发团队聚焦复杂应用场景，攻克了高性能微波功率放大器设计、相控阵芯片高成品率分析及优化、高性能低噪放大器芯片设计等核心技术，产品涵盖十余类高性能微波毫米波模拟相控阵芯片，工艺制程范围在 40—500nm 间，能够提供各典型频段的微波毫米波模拟相控阵芯片解决方案；通过高精度测试及模型修正、可靠性提升及试验验证等技术手段，在保证高性能、高集成度的同时做到低成本。这些举措使得铖昌科技的综合毛利率高达 75%，高于行业 50%—60% 的平均水平，芯片产品的毛利率更是接近 80%。

同时，针对下游市场，铖昌科技深耕军用相控阵雷达的基础上，牢抓 5G 通信、万物互联等新兴应用场景契机。微波毫米波模拟相控阵 T/R 芯片是相控阵雷达核心的元器件和价值环节，有源相控阵雷达作为当前雷达的主流体制在军用领域的渗透率持续提升，每个相控阵雷达包含成千上万个 T/R 组件，其成本占整个雷达系统的 50% 以上。我国军用雷达市场受益于国防信息化建设，2025 年有望突破 573 亿美元。而铖昌科技是此领域国内唯一一家在国家重大项目中量产供货的民营企业，高壁垒下稀缺性凸显。除军用相控阵雷达外，毫米波相控阵 T/R 组件还是卫星相控阵天线的重要组成环节，可广泛应用于卫星互联网及 5G 基站。随着我国自上而下推动"新基建"，处于产业链上游的相控阵芯片将获得更加可观的需求。

铖昌科技凭借高度聚焦的定位和自主可控的研发能力，产品已批量应用于高分重大专项、二代中继、北斗二代导航、卫星通信等航空航天专业装备领域。图 8-7 是铖昌科技主营产品的营业

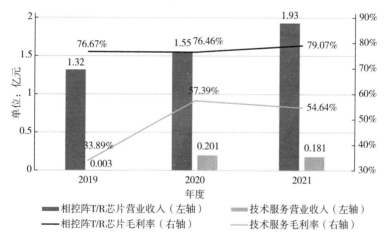

图 8-7　铖昌科技主营产品的营业收入和毛利率

资料来源：铖昌科技招股书。

收入和毛利率。图 8-8 是铖昌科技业绩表现。2021 年营业收入突破 2 亿元，净利润达到 1.60 亿元，同比增长 256%。

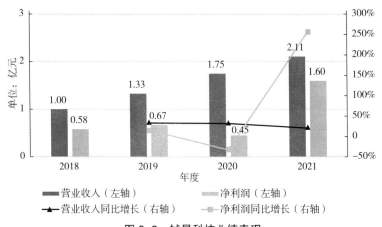

图 8-8　铖昌科技业绩表现

资料来源：铖昌科技招股书。

2. 铖昌科技业绩顺利达标，净利润贡献近两成

2018 年在被和而泰部分收购股权之时，铖昌科技股东曾做出业绩承诺：在 2018 年、2018—2019 年、2018—2020 年的实际净利润分别不低于 5,100 万元、1.16 亿元、1.95 亿元。表 8-4 是铖昌科技 2018—2020 年承诺业绩完成情况：前两年分别达到 102% 和 105% 的业绩完成率；2020 年 5 月，和而泰对铖昌科技进一步增资并引入员工持股平台，建立健全长效激励机制，当年在剔除员工持股计划股份支付的影响后，也以 2.14 亿元的合计净利润顺利达标。

表 8-4　铖昌科技 2018—2020 年承诺业绩完成情况

时间	承诺业绩	实际业绩	业绩完成率
2018 年	5,100 万元	5,184.61 万元	102%
2018—2019 年	1.16 亿元	1.22 亿元	105%
2018—2020 年	1.95 亿元	2.14 亿元	110%

资料来源：和而泰公告。

　　如图 8-9 所示，2019—2021 年，铖昌科技对和而泰净利润贡献比例分别为 17.7%、7.2% 和 18.2%。2020 年低谷的存在一方面是由于股份支付，另一方面是由于铖昌科技的两次增资，使得和而泰的持股比例由 80% 下降至 62.97%。若剔除前者的影响，2020 年净利润贡献比例会超过 15%。

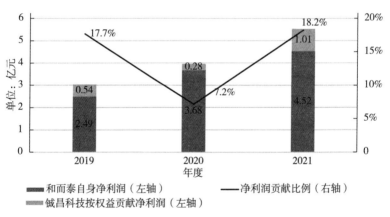

图 8-9　铖昌科技对于和而泰的净利润贡献

资料来源：和而泰公告。

　　此时的铖昌科技经过三年的培育，已在微波毫米波射频芯片相关领域独具优势，需要集中优势进行持续研发和经营投入。和而泰出于整体战略布局考虑，2020 年 12 月发布公告，计划将与公司其他业务保持较高独立性的铖昌科技分拆上市。

3. 和而泰产业布局向上延伸，助力综合竞争力

2022 年 6 月 6 日，铖昌科技（001270）正式登陆深交所主板，发行价为 21.68 元，募资 6.06 亿元，成为和而泰旗下独立的相控阵 T/R 芯片业务上市平台。如图 8-10 所示，上市 3 个月以来，铖昌科技股价一路冲高至 131 元，市值大约也从发行之初的 35 亿元增至 130 亿元。

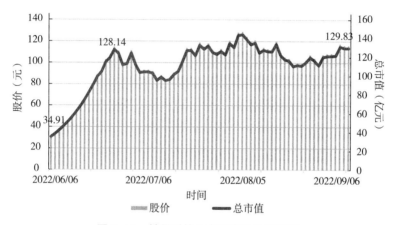

图 8-10　铖昌科技上市以来股价与市值

资料来源：Choice 数据。

对于铖昌科技自身而言，在 A 股上市能够增强企业资金实力及投融资能力，增加公司的透明度，进一步吸引优秀人才，提升整体经营效率，加大研发投入，进一步开拓市场以改善目前单一客户依赖的局面，实质性提升相控阵 T/R 芯片业务的行业竞争能力和盈利能力。

2018 年收购铖昌科技以来，市场对于和而泰第二增长曲线的

探索也做出了积极的反馈，市值一度攀至 250 亿元，图 8-11 是 2018 年以来和而泰的股价与市值。铖昌科技在 IC 领域的核心技术与专业能力，使得和而泰成为控制器行业非常少见的掌握 IC 芯片设计和技术的公司，在全球智能控制器行业中具备更独特、更专业的核心竞争力。一方面，这有利于和而泰聚焦智能控制器业务，继续致力于技术创新与服务创新，深入国际高端市场，做精做强主营业务，夯实经营能力和可持续发展能力，或许能够扭转营业收入增速下滑的局面；另一方面，铖昌科技的核心技术将有力支撑和有效服务于和而泰的物联网、大数据等业务，增强和而泰的综合竞争力。

图 8-11　和而泰 2018 年以来的股价与市值

资料来源：Choice 数据。

更重要的是，铖昌科技手握的微波毫米波相控阵芯片，能够帮助和而泰赶上 5G 移动通信、卫星互联网带来的巨大市场发展机遇。毫米波频段是 5G 频谱不可或缺的组成部分，铖昌科技的芯片频率可覆盖 L 波段至 W 波段，能够逐步拓展至卫星互联网、

5G 毫米波通信等领域，已完成芯片多轮迭代开发，支撑 5G 毫米波相控阵 T/R 芯片国产化。随着低轨卫星互联网的布局和 5G 基站的规模化铺设，铖昌科技作为国内少数能够提供相控阵 T/R 芯片完整解决方案的企业，将迎来更为广阔的市场空间。

第 4 节　总结与思考

纵观和而泰上市以来在 LED 照明、物联网、汽车智控等外延领域的探索，我们会发现公司分别把握住了万物互联、汽车供应链重塑的历史机遇。而和而泰对射频芯片领域的成功切入不仅说明了择时的重要性，更体现了上市公司在投资眼光、战略规划、整合管理方面能力的重要性。

铖昌科技能够成为和而泰的第二增长引擎，主要有三方面的原因。首先，最根本的原因在于和而泰挑中了一家拥有出色技术实力的稀缺标的，并在此基础上与军工客户牢牢绑定，与国家航天、军工院所和大型武器装备企业建立了稳定的合作关系。一方面，铖昌科技提供的定制化服务为其带来远高于同业的毛利率；另一方面，源源不断的高确定性订单为铖昌科技顺利完成业绩承诺给予保障，公司增利又增收。

其次，离不开和而泰管理层布局长远的战略规划。尽管目前我国有源相控阵雷达的市场规模仍较小，但未来的卫星通信、5G 网络建设、自动驾驶等新场景才是相控阵技术充分发挥作用的应用领域。放眼未来，控制器起家的企业能够在高成长性业务的加持下拥有巨大的想象空间，是一次高瞻远瞩的迈进。

最后，能够成功孵化铖昌科技并将其培育上市，足见和而泰的整合管理能力。收购后便向铖昌科技制定核心人才激励办法，将业绩承诺净利润额超额部分的 50% 分别以奖金和股票的方式发放。员工持股计划的推出，不仅可以进一步提高铖昌科技核心人才的稳定性，还使其与上市公司及以股东利益实现了绑定，有利于长期一致目标的实现。

　　总的来看，和而泰通过收购并分拆上市铖昌科技，将产业布局向控制器上游延伸，是第二增长曲线的一次成功探索，对上市公司有现实的借鉴意义。

第9章 生益科技：覆铜板龙头
并购 PCB 成功分拆上市

2021 年 2 月，生益科技（股票代码：600183）名下主营 PCB（Printed Circuit Board, 印刷电路板）业务的子公司——生益电子（股票代码：688183）成功登陆科创板，成为新规颁布后首个 A 股上市公司分拆子公司于 A 股上市的"A 拆 A"上市案例。

2013 年 4 月，生益科技斥资约 7 亿元人民币收购业内知名 PCB 企业生益电子 70% 的股权，由此将生益科技主营业务延伸至下游 PCB 领域。该次收购完成后，生益科技凭借其优秀的业务及资源整合能力，深厚的技术积淀以及人力、生产、供应链等创新管理理念等综合优势，使得公司覆铜板和 PCB 业务长期以来保持协同稳健发展，销售规模及利润水平均稳步提升。2020 年 2 月，生益科技发布关于分拆生益电子于科创板上市计划公告；2020 年 5 月，生益电子科创板 IPO 申请获交易所受理；2021 年 2 月，生益电子完成科创板上市。在三十多年的跌宕起伏、变化莫测的电子产业市场竞争中，生益科技是如何将覆铜板主营业务做大做强至全球第二大市场占有率制造商的？同时，又是如何成功开辟出

第二增长曲线 PCB 业务并实现分拆上市二次腾飞的？接下来我们
将一探究竟。

第 1 节　历史沿革及经营概况

生益科技创立于 1985 年 6 月，以覆铜板业务起家，总部位
于广东东莞。生益科技的主要发展历程如图 9-1 所示。

图 9-1　生益科技发展历程

资料来源：生益科技公告。

生益科技长期以来专注于覆铜板的研发、生产及销售业务。
覆铜板是电子工业上游的关键基础材料之一，主要被用于生产下
游各类 PCB 产品。PCB 素有"电子产品之母"之称，被广泛应用
于通信设备、工控医疗、网络设备、汽车电子、计算机 / 服务器、
工控设备、消费电子、航空航天等行业。生益科技所处的电子制
造行业产业链情况如图 9-2 所示。

自成立以来，生益科技主营的覆铜板业务规模逐年扩大。

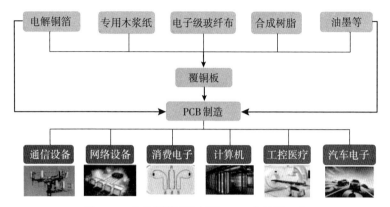

图 9-2 生益科技覆铜板及 PCB 产业链示意

资料来源：生益科技公告。

1996 年，生益科技被国务院发展研究中心评定为中国最大的覆铜板供应商。1998 年 10 月，生益科技成功于上交所完成首次公开发行股票并上市，成为国内首家覆铜板业务领域的上市公司。根据美国 Prismark 咨询公司的调研统计和排名，2013—2021 年期间，生益科技出售的刚性覆铜板销售总额长期稳居全球第二，全球市场占有率超 12%，同时覆铜板业务年产量从成立建厂时的 60 万平方米增加至 2021 年的 11,543 万平方米，年复合增长率约为 16%。

生益科技所处的电子产品行业具有更新换代较快的特点，且市场需求的淡旺季更替存在周期性和一定不确定性。随着电子工业的快速发展，覆铜板业务逐渐成为一个成熟、全球化竞争且高度市场化的行业。面对变化莫测的外部环境和市场需求，公司是如何应对市场风险，将覆铜板业务稳步做大做强至全球市场占有率第二的？回顾公司发展历程，我们发现答案与一起关键的收购事件密切相关。

第 2 节 第二增长曲线培育及业绩贡献

1. 夯实主业寻并购，一举多得显稳健

2011 年，国际通货膨胀高企等因素致使原材料成本上涨，同时在金融危机笼罩之下，全球经济增长迅速减缓，而国内经济亦面临巨大的通货膨胀压力，中国政府为此制定了强有力的抑制通货膨胀措施。国家政策的调整，影响了通信、家电等市场的活跃性，在往年属于需求旺季的第三季度，在 2011 年实际已增长停滞，市场需求已悄然转弱，而这些不利变化的影响程度之深和时间持续之久均超出了生益科技管理层的预计。虽然管理层为应对这些不利变化及时做出譬如调整销售策略，由争取效益逐步转向保订单和保开工，以及暂时关闭了成本高、产出效率低的老工厂，加强外汇平衡和控制财务成本等一系列有效措施，但仍然无法避免 2011 年度利润率的下滑，全年盈利不理想的结果。如表 9-1 所示，由生益科技 2010—2011 年的营业收入、毛利率及其同比增长情况，可以发现 2011 年生益科技的营业收入规模同比增速较 2010 年的 51% 大幅度回落至个位数。在生益科技的 2011 年年度报告中，管理层这样深入地总结道：2011 年的整个市场发展呈现了与以前诸多的不同，其中市场的变化更具多样性和不确定性……凡此种种，都告诉我们电子产品市场将更多元化，变化也会不断加快，这是我们以后要特别注意的。

表 9-1 2010—2011 年生益科技覆铜板业务经营情况对比

项目	2011 年	2010 年
营业收入（亿元）	57.09	53.42
营业收入较上年同比增减	7%	51%
毛利率	13.67%	15.37%
毛利率较上年增减百分点	−1.70	+1.33

资料来源：生益科技公告。

为提升公司抗风险能力和保障公司可持续稳定发展，2012 年管理层对生益科技的发展战略做出了明确调整：公司将进一步通过资产重组以优化资产结构，在继续做大做强主营业务覆铜板产品的基础上，管理层将积极关注和挖掘与主业技术或业务相关的潜在优质项目标的，以及新兴产业、高新技术项目的投资机会。在新发展战略的指导下，2012 年，公司开始与迅达科技中国有限公司（TTM Technologies，Inc）商洽对东莞生益电子有限公司（生益电子在股份改制前的企业名称）的收购。如图 9-3 所示，生益科技与生益电子在产业和业务端有着良好的协同效应。2013 年 4 月，生益科技召开当年第一次临时股东大会并决议，会议全票同

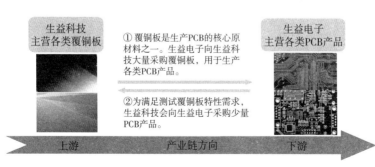

图 9-3 生益科技与生益电子的业务关系

资料来源：生益科技公告。

意公司以 7.02 亿元的价格收购东莞生益电子有限公司 70.2% 的股权。东莞生益电子有限公司成立于 1985 年，曾隶属于全球知名 PCB 企业——迅达科技中国有限公司，通过三十多年的发展，在 PCB 领域技术积淀深厚，也依靠自身过硬的实力积累了一批包括华为、三星等在内的知名客户。

生益科技斥巨资收购生益电子进入 PCB 领域，显现出公司发展壮大的强烈决心。决定进行这次收购，生益科技管理层主要出于以下几个方面的权衡和考虑：第一，可增强对下游市场需求的敏感度，及时把握市场需求风向，同时亦有助于资产整合，增强公司抵抗市场风险的能力。第二，从产业角度，覆铜板是生益科技下游 PCB 产品生产所需的核心材料，并且 PCB 产品的性能、可靠性及稳定性很大程度上取决于覆铜板品质，因此进入 PCB 领域有利于夯实覆铜板主业。且生益科技向下游延伸具有天然的基础优势，同时 PCB 业务与覆铜板业务亦可以发挥协同发展效应。第三，生益电子属于 PCB 行业老牌企业，技术积累深厚，有较强的市场竞争力，而 PCB 下游应用市场广阔，尤其是随着未来 5G 通信设备、计算机、服务器、工控医疗及汽车电子等应用景气度逐渐提高和应用领域的进一步拓展，生益电子有望将 PCB 业务打造成第二增长曲线，贡献新的利润增长极。综上所述，收购生益电子对生益科技来说可谓一举多得，是一笔划算的"买卖"，由此也彰显出管理层优秀的战略前瞻能力。

在并购标的的选择方面，生益科技之所以将生益电子作为进入 PCB 领域的并购标的，主要源于管理层对以下两方面的共识：第一，生益电子是成立多年的 PCB 领域知名企业，技术积累深厚，拥有多家知名终端客户认证资质和稳定的大客户资源；第二，生益电子 2012 年利润由上年的盈利转为亏损，在后续的收购对价谈判上可能是有利条件。2012 年生益电子净资产账面值为 126,989.58 万元，评估值为 121,602.38 万元，减幅为 4.24%，而最终各方协商确定的生益电子全部股权估值为 10 亿元，即生益科技最终以 70,200 万元对价完成了对东莞生益电子有限公司 70.2% 股权的收购。因此，综合各类因素，从当时的时点看，生益电子是较为合适的并购标的。

2. 整合管理齐抓，协同发展共进

从实践角度，收购完成仅仅是执行发展战略的第一步，更为关键的是后续的组织管理、人力、业务及文化整合等一系列颇具挑战性的工作。在正式收购前的 2012 年度，生益电子已经出现营业收入大幅度下滑且由盈利转为亏损的不利局面。生益电子营业收入、净利润分别由 2011 年的 16.46 亿元、0.8 亿元下降至 2012 年 10.95 亿元、–0.36 亿元。面对这种状况，生益科技管理层临危不乱，通过制定和执行一系列科学有效的管理制度和措施，使得生益电子很快步入预定的成长轨迹。

2013 年 9 月正式完成生益电子的收购后，生益科技管理层首先明确了新的管理和组织架构。一方面将工作的重心放在稳固人心和士气恢复上，比如采取股权激励等措施；另一方面则有条不紊地开展生益电子新工厂的恢复建设。

2014 年，生益科技开启推动全面预算管理制度，通过预算管理杠杆的引导，供应、生产及市场等各环节均实现高效协同和互相支持，使集团资源实现有效调配；人力资源方面，生益科技完成了岗位任职资格及薪酬制度改革，这对公司人力资源制度、结构、管理和实施产生了重大影响；PCB 业务方面，在集团的科学管理下，生益电子避免了新工厂上线初期可能出现的混乱，2014

年度圆满完成了既定的 ERP 上线、投产、盈利三大目标。

在收购完成后的多年发展经营过程中，生益科技总在不断地调整和升级内部管理以提升效益和抗风险能力，譬如 2015 年上线的 SF（人才管理）系统使得人力资源管理更为科学有效；2016 年实施供应链管理改革和生产管理改革；2017 年深入实践集团化管理，灵活调整市场策略、价格策略和客户资源，有力地统筹了产、供、销、存资源，并建立了集团营销中心绩效考评管理制度等。总而言之，在经济环境相对较差的年度，公司主要以"高筑墙，广积粮"为策略，通过加强预算管理、内控管理、精细化管理及调整销售策略等措施来应对跌宕起伏的市场环境，同时坚持持续投入研发来攻克技术难题，潜心打造多个战略产品，为紧握下一个市场窗口做足准备；在经济环境恢复转好时，生益科技则能够紧抓市场机遇，充分发挥全体员工和集团各公司的协同合作效应。如图 9-4 所示，生益科技在并购完成后的 2014—2021 年期间，整体营业收入和净利润规模均取得了长足增长，年复合增

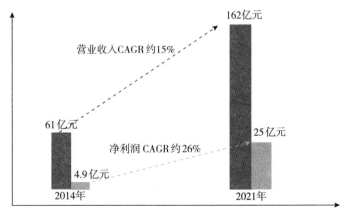

图 9-4　生益科技 2014—2021 年营业收入及净利润增长情况

资料来源：生益科技公告。

长率（Compound Annual Growth Rate, CAGR）分别达到了 15%、26%。而生益科技正是凭借着对资源的有效整合和科学内部管理，才能在行业形势跌宕起伏、市场环境复杂多变的背景之下保持健康发展，将覆铜板业务和 PCB 业务的产销量及利润水平逐年扩大和优化，最终实现做大做强的长远战略目标。

第 3 节　分拆上市及上市后

2019 年 12 月，A 股分拆上市新规的落地，为生益科技分拆名下子公司生益电子于境内上市提供了明确的政策支持，创造了进一步发展壮大的政策机遇。在政策支持的背景下，生益科技迅速采取了行动。

2020 年 2 月，生益科技发布《广东生益科技股份有限公司关于分拆所属子公司生益电子股份有限公司至科创板上市的预案》公告。该分拆预案公告披露后，市场上亦出现了一些质疑之声，比如有观点认为生益电子的科技含量不高以及与母公司存在大量关联交易，难以"断奶"等。实际上，尽管我国 PCB 制造产量位居世界第一，是全球 PCB 制造业巨头，但与欧美、日本等发达国家相比，我国在高精度、高密度、高品质产品领域的 PCB 产业技术仍存在较大差距。因此对像生益电子这类定位中高端 PCB 产品、竞争力较强的企业来说，虽行业竞争激烈，但仍存在着广阔的国产化替代空间。至于关联交易，主要是生益电子向母公司生益科技采购较多。母公司生益科技作为覆铜板领域全球第二大企业，生益电子生产 PCB 产品向其母公司采购覆铜板材料，亦具有商业合理性和必要性。生益电子本就是生益科技收购而来的独立主体，其产品以大批量的中高端通孔板为主，集中在汽车电子、5G 无线通信、计算机等下游应用领域，客户主要为中兴通讯、华为技术、三星电子、诺基亚等通信设备商，均是业内知名企业，在业务经营方面亦早已实现独立。

在纷杂的质疑声中，生益电子一路过关斩将，最终顺利完成 IPO。生益电子申请科创板 IPO 上市的招股书于 2020 年 5 月获上交所受理，同年 6 月接受交易所首轮问询，并于 10 月份通过上市委会议，后于 2020 年 12 月成功提交注册，在 2021 年 2 月成功登陆科创板，生益电子由此荣获分拆新规落地后的首支"A 拆 A"上市股票"桂冠"。

根据生益电子 IPO 招股书披露，报告期内生益电子业绩水平稳步提升，2017 年度、2018 年度和 2019 年度的净利润分别为 13,846.98 万元、21,318.87 万元和 44,118.31 万元。A 股市场不仅是优质企业为发展寻求资金支持的市场，而且也是探索资源配置的平台，因此在登陆科创板后，生益电子将迎来更为广阔的发展空间。生益电子能够在其母公司生益科技发布拟分拆上市计划公告后的 1 年内便顺利完成科创板上市，既离不开生益科技在并购完成后多年的稳扎稳打和精心经营，也离不开生益科技管理层对政策机遇敏锐的洞察能力和优秀的执行能力。

分拆上市完成后，截至 2022 年 8 月底，生益电子总市值约为 86 亿元，相较其 2021 年 2 月的发行总市值（约为 21 亿元）增长了 3 倍以上。未来随着高景气度产业如汽车电子、5G 建设、计算机、服务器等需求的进一步扩大和拓展，生益科技和生益电子在资本市场的综合赋能下，必将迎来更加广阔的发展空间。

第 4 节　总结与思考

1. 关于拓展第二增长曲线业务领域的思考

生益科技选择进入 PCB 领域后在业务端能实现稳健经营，关键因素之一就是生益科技主营的覆铜板业务与 PCB 是上下游关系，在技术和产品特性上能够互相影响。如覆铜板质量、稳定性等需要通过 PCB 产品进行测试，而 PCB 产品的诸多性能和参数又很大程度上取决于覆铜板。然而，选择拟作为第二增长曲线业务的并购标的时除了要考虑是否具有产业协同效应，实际中还需要结合企业自身具体情况、管理层战略目标、风险评估结果等综合考量。

2. 把握政策机遇，是实现二次腾飞的良机

分拆上市新规落地所释放的政策支持信号，是生益科技决定分拆生益电子独立上市的一支强心剂。可以看到，分拆新规政策于 2019 年 12 月正式落地，而生益科技于 2020 年 2 月便发布分拆子公司上市的公告，可见其响应速度之快和执行力之强。这并非简单的蹭热度或炒作概念，生益电子之所以能在接受首轮问询后不到半年时间内便顺利过会，究其根本，多年来自身的良性发展是紧握政策机遇和顺利完成分拆上市的强有力基石。

第10章 泰格医药：CRO龙头海外并购开启二次增长

泰格医药（股票代码：300347）自2004年创立以来，历经18年发展，已成长为中国临床CRO（Contract Research Organization，合同研究组织，也称"委托研究机构"）行业龙头。泰格医药多年来秉持收购兼并的发展策略，坚持以临床研究服务为核心，不断向上下游产业拓展市场和业务，积极完善临床研究服务体系，致力于全球化业务布局，现已成长为覆盖临床研究全产业链一体化、全方位平台型的全球知名临床CRO。

回顾泰格医药的收购兼并历程，可以看到2014年对方达控股（Frontage Laboratories,Inc）的收购兼并对泰格医药的发展影响深远。方达控股主营业务包括临床前的生物分析服务、CMC（Chemical Manufacturing and Control, 化学成分生产和控制）服务，以及临床阶段的生物等效性研究等，在美国市场拥有较强的技术、人才、客户资源和品牌等优势。

正是凭借着对方达控股的成功并购，泰格医药快速成长为当时国内领先且为数不多的本土临床前实验室服务和临床试验全覆盖的CRO，并凭此快速切入了技术门槛较高的生物分析、CMC

医药产品研发等临床前业务领域，同时快速打开美国市场，增强了公司在北美地区 CRO 市场的影响力。

该次收购完成后，泰格医药与方达控股协同发展，稳步壮大。历经多年发展，方达控股已成为一家横跨中美市场的知名 CRO，也成为泰格医药成功打造第二增长曲线业务的典范。随着各板块业务的良好发展，2018 年 3 月泰格医药宣告，子公司方达控股将与母公司分拆，并将于港交所公开发行上市。2019 年 5 月方达控股（01521.HK）于港交所完成首次公开发行，成功上市。

第 1 节 历史沿革及经营概述

泰格医药成立于 2004 年 12 月，创立初期的业务定位为临床试验相关服务，主要包括临床试验统计分析、临床试验技术服务以及临床试验现场服务等。随着战略规划的全面推进，实施了一系列收购兼并，并坚持践行企业的自我发展，泰格医药业务规模和覆盖范围逐步扩大。截至 2022 年，泰格医药在全球已布局了 26 个海外子公司或分支机构，拥有超过 1,100 名专业人才，业务覆盖全世界五大洲的 53 个国家；主营业务涵盖了临床试验技术服务、临床试验相关服务与临床前实验室服务三大板块，拥有医药研发从临床前到上市后全流程服务能力，在全球 CRO 行业具有广泛的影响力。

泰格医药自创立以来 18 年的发展经历，可以总结归纳为两个主要阶段。

在 2004—2012 年的第一阶段，公司以临床试验相关服务为核心业务，在境内设立多家子公司，并进行了一些收购兼并工作。2012 年在 A 股深交所创业板的上市成功，为公司后续进一步的发展壮大奠定了良好基础。

在 2013—2022 年的第二阶段，公司以打造临床研究全流程一体化服务平台和全球化发展为目标，通过多次国内外并购及自建的发展方式，积极拓展产业上下游业务，增加产业深度，完善产业链的延伸和布局。2014 年完成了对方达控股的收购，使得公司快速切入美国 CRO 市场，并及时填补了临床前相关业务领域的空白，为公司战略发展迈出至关重要的一步。在这个阶段，公司国内外业务同步发展，积极发挥"引进来"与"走出去"的双向桥梁作用，不断增强研发实力和市场竞争力。在公司管理层富有远见的战略指引下，公司既充分享受了国产创新药产业链发展的红利，也成功塑造了品牌形象，增强了国际影响力。这也促使公司能够长期处于国内外 CRO 行业领先地位。泰格医药拥有的全流程服务体系如图 10-1 所示。

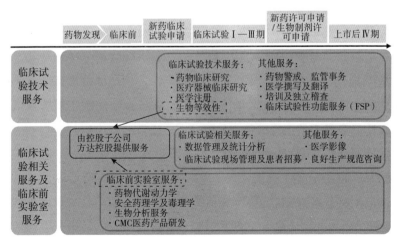

图 10-1　泰格医药拥有的全流程服务体系

资料来源：泰格医药公告。

泰格医药是中国领先的 CRO，也是中国 CRO 领域执行全球扩张战略的先行者。据泰格医药 2022 年半年报披露，泰格医药当前继续保持在国内临床 CRO 行业的市场领先地位，2021 年泰格医药的临床服务市场份额达到 12.50%，位列中国临床外包服务市场第一。在全球前十大临床合同研究机构中，泰格医药是唯一的中国临床合同研究机构，2021 年公司占全球市场份额的 1.3%。泰格医药能够取得前述一系列成就和行业地位，与其多年来贯彻执行的兼并收购战略密切相关。

第 2 节　第二增长曲线培育及业绩贡献

市场环境促使公司开展并购整合前端业务，开启第二增长引擎。

长期以来，生物医药 CRO 行业在国内外均属于成熟且市场化程度较高的行业，业内竞争激烈。从 2014 年前后的市场格局来看，欧美地区的 CRO 在全球市场中占据较大份额，处于市场主导地位。大型跨国 CRO 凭借其庞大的资源网络、全面的服务内容、杰出的管理团队以及覆盖全球和全产业链的研发服务能力，在市场竞争中通常拥有显著的竞争优势。

从行业的实践经验来看，为获得更好的服务质量，提高服务效率，降低合作失败风险，制药企业在选择 CRO 作为合作伙伴时，对其服务质量和服务水平要求较为严格。大型研究和试验通常需要 CRO 组织几十家研究中心、上百名研究者、近千名受试者，要求 CRO 具有一定的资源网络，这对 CRO 服务体系的产业链深度和业务覆盖范围提出很大的挑战。因此越大型、业务覆盖范围越全面的 CRO，越容易获得大型制药企业的青睐，从而赢得更多的合作机会和优质客户资源。

2013 年随着国内政策的支持，制药企业对创新药研发愈加重视，跨国药企将研发工作转移到新兴市场，离岸外包业务规模不断扩大。CRO 行业竞争激烈，发展机会可谓稍纵即逝。

面对这样的市场环境，泰格医药坚定不移地以收购兼并作为发展战略，积极拓展上下游业务以打造一体化服务体系，笃定全球化业务覆盖目标。

在这样的背景下，泰格医药和方达控股形成了并购界的一段好"姻缘"：2014 年 5 月泰格医药公告宣布，其全资子公司香港泰格拟以 5,025 万美元现金收购方达控股 69.84% 的股权；于 2014 年 7 月正式完成收购，方达控股成为泰格医药旗下控股子公司。

针对本次收购，泰格医药的主要战略意图如下。

第一，加强和拓展公司服务产业链，全面覆盖临床前实验室服务、临床试验相关服务。生物分析、CMC 医药产品研发业务，能够有效填补泰格医药当时的业务空白，将服务链快速补全并拓展至临床前试验服务。同时，收购方达控股，使泰格医药迅速成长为国内领先且为数不多的、具有临床前实验室服务和临床试验相关服务全覆盖的生物医药公司。

第二，优化和拓宽公司客户群体，实现客户资源共享。方达控股客户群体包含大量的美国中小型制药企业，合作关系稳定，客户忠诚度高。随着美国经济日渐回暖，这些中小型制药企业客户在获得研发资金和融资支持后，其资本实力的增强将使得同一产业链上的泰格医药获得更多的合作项目，帮助泰格医药拓展相关领域。同时，方达控股的客户结构能够与公司现有客户结构形成互补，可以缓解泰格医药客户集中度较高的问题，降低由此带来的企业风险。

第三，发挥协同发展效应，打造跨国一站式的全方位服务。泰格医药和方达控股能够共享客户资源和服务项目，坚持差异化、个性化的一站式综合服务理念。更重要的是，能够充分满足多类型医药企业的药品研发需求，有效加快其新药在中国国家药品监督管理局、美国 FDA（Food and Drug Administration, 食品药品监督管理局）的审核进程，提高客户新药的上市效率，缩短评审周期。同时，泰格医药与方达控股的组合能够充分发挥 CRO 上下游之间的协同效应，跨国一站式的全方位服务体系能够更好地提高公司现有客户忠诚度、拓宽业务承揽能力、提升区域化与国际化的综合竞争力。

在选择并购标的时，既要符合并购方的战略目标和发展需求，也要对并购标的的"质地"进行客观合理的评估。对泰格医药来说，从各方面综合考虑，方达控股是很好的"联姻"对象。方达控股是一家在全球制药行业声誉极佳的美国 CRO，其前身为 2001 年由李松博士于美国新泽西成立的测试实验室。方达控股具备为医药产品研发提供综合型服务的能力，其服务范围包括了临床前的 CMC 医药产品研发、生物分析服务和临床研究等，主要客户包括美国、中国的制药企业。

作为泰格医药收购标的的方达控股在 2012 年、2013 年（即被泰格医药收购当年的前两个会计年度），其主要业务营业收入贡献情况如图 10-2 所示。

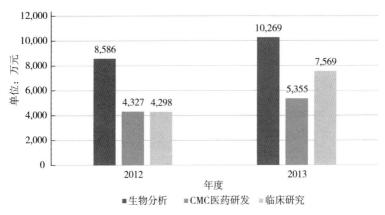

图 10-2　方达控股 2012—2013 年各业务营业收入

资料来源：泰格医药公告。

　　截至 2013 年年底，方达控股除了营业收入已初具规模外，所具备的优势还主要体现在如下方面。

　　（1）核心竞争力突出

　　首先，方达控股是具备为医药产品研发提供综合型服务的 CRO。在新药研发领域，方达控股提供从临床前的药代动力学、毒理学、安全药理学、临床 I 期—II 期试验，FDA 相关的（Investigational New Drug, 新药临床研究申请）申报、法规咨询等服务，到整个药物研发流程涉及的生物分析、CMC 医药产品研发等一整套服务。

　　其次，方达控股拥有强大的科学家团队与先进的设备设施。研发团队方面，方达控股在美国和中国拥有的全职科研人员分别为 185 名、123 名，其中 50% 以上拥有硕士及以上学位，20% 以上拥有博士学位，且骨干研发人员均具有在十大跨国制药公司从事多年药物研发的实践经验。设备设施方面，方达控股在美国宾夕法尼亚州埃克斯顿市拥有的生物分析实验室和动物研究基地总面积超过 4,645 平方米和超 2,137 平方米，是美国东部最大的同类实验室之一；在中国上海拥有 1,486 平方米的生物分析实验室，是中国最大的同类实验室之一，也是中国首个以 FDA 标准建立的 GLP（Good Laboratory Practice，药品非临床研究质量管理规范）/GMP（Good Manufacturing Practice，药品生产质量管理规范）实验室。

再次，客户资源方面，方达控股在美国、欧盟、日本、中国等国家和地区拥有超过 200 家客户，其中包括全球排名前十的药厂、中型制药公司、虚拟研发和生物技术公司。除此之外，还包括多家领先的中国创新药仿制药公司，包括江苏恒瑞、浙江海正、华海药业等公司，中国制药企业向 FDA 成功申报的 7 个 ANDA（Abbreviated New Drug Application，新药申请）中有 5 个由方达控股提供相关服务。

最后，方达控股有着完善且卓越的质量保证体系，以及中国背景优势。公告显示，方达控股的创始人、高级管理层及科学家团队均具有中国背景，目前方达控股管理层中超过一半为华裔，其广泛的中国背景有助于克服与中国合作伙伴的文化隔阂，推动方达控股在中国业务的开展。方达控股在中国市场的布局，成功奠定了中国和美国药物研发相互对接的基础，提高了其在中国地区的服务承揽能力和品牌认知度。

（2）行业地位优势

方达控股作为医药研发外包服务公司，依靠自身的强大技术与管理团队、先进的仪器设备，以及完善的管理系统，已在全球制药和生物技术行业建立了良好的信誉。2006—2010 年期间，方达控股连续五年被评为美东大费城地区百个发展最快的公司之一。2012 年，方达控股被评为全美 50 家发展最快的亚裔美国人经营的企业之一。

由此可以看出，方达控股在业务、技术、市场、客户资源及管理层背景等方面均与泰格医药的战略目标有着较高的匹配度，这种良好的匹配度不仅是本次并购顺利达成的重要基础，也在一定程度上有效减少了泰格医药在并购完成后，在整合方达控股的工作中可能面临的障碍和困难。

2. 强强联合，整合稳健协同发展，上下齐心共创佳绩

泰格医药对方达控股的收购属于跨国投资，因此并购方势必会面临严峻的业务、人力、文化及组织等方面的整合管理的挑战，而一旦整合不当，将可能导致严重的投资损失甚至令并购方元气大伤。作为并购方的泰格医药，在面对本次跨国并购整合中的种种挑战时，采取了哪些有效措施予以应对？

泰格医药对方达控股的业务整合是极具挑战的。方达控股是美国公司，在运营模式、内部管理等方面均与泰格医药存在较大差异，并购双方能否在交易完成后的短期内尽快、充分整合双方的管理模式、技术、品牌、销售渠道等，存在一定的不确定性。

针对业务整合这一重大挑战，泰格医药遵循以人为本的总原则，采取与包括方达控股创始人在内的相关核心人员签订较为长期的雇佣协议，使他们为整合后的公司继续服务。保持核心团队成员的稳定性，并保持原有业务模式、管理制度、机构设置等方式不变，以确保方达控股能够继续稳定运营。

同时，泰格医药通过循序渐进的方式选派相关人员担任方达控股的董事，逐步引导和调整其经营理念，把握方达控股的发展方向，实现并购双方的高效互补和协同发展。在这种科学有效的应对措施下，方达控股的整合工作最终平稳过渡。

另外，人员整合也是跨国并购需要解决的一大难题。泰格医药公告显示，发展人力资本一直是泰格医药的首要目标，也是并购整合工作的重点方向。在人力资源整合方面，收购方达控股当年，泰格医药便推出并实施了优化人力资源管理体系、提升人力资源专业管理团队、建立专门的沟通交流机制、实施股权期权激励及长期员工持股计划等一系列卓有成效的政策和方案。泰格医药在战略层面对人才和人员整合管理的足够重视，是其在短期内实现稳固军心，顺利完成人力资源整合的核心原因，也是其能够使团队保持稳定的关键，同时也是并购完成后实现成功整合的制胜法宝。

在整合工作顺利进行的基础上，被收购方方达控股在业绩方面也表现得很稳健，连续为泰格医药的业绩增长做出重要贡献。据泰格医药 2014 年年度报告，在收购完成的当年，方达控股即为公司贡献新增服务收入 14,557.88 万元，新增利润总额为 2,444.58 万元，新增归母净利润为 1,156.73 万元。据泰格医药年度报告，方达控股在 2015 年度、2016 年度完成业绩承诺比例分别为 82.98%、100.10%。其中 2015 年度未完成业绩承诺亦"情有可原"，主要是因为方达控股为扩大自身服务能力，2015 年在美国新建临床研究中心，建成当年尚未产生较大经济效益。

如图 10-3 所示，2015 年至 2022 年上半年期间，方达控股的营业收入规模和扣非归母净利润均保持稳健向上的趋势，且该期间累计为母公司泰格医药贡献扣非归母净利润逾 1 亿美元，俨然已经成长为泰格医药新的利润增长引擎。

泰格医药通过对方达控股的成功并购和顺利整合，在打造 CRO 一体化服务体系及全球化布局方面得到进一步完善，形成其独特的竞争优势。在并购双方业务和客户互益等方面的协同效应下，方达控股亦实现了长足的良性发展，成为泰格医药旗下成功打造的第二增长曲线业务，也为后续分拆至港交所成功上市奠定了坚实的基础。

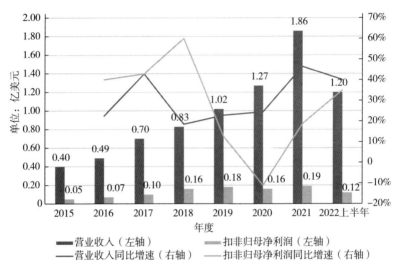

图 10-3　方达控股 2015 年至 2022 上半年营业收入及扣非归母净利润

资料来源：泰格医药公告、方达控股公告。

第 3 节　分拆上市及上市后

2018 年以来，国内 A 股生物医药行业上市公司掀起分拆子公司赴港上市热潮。紧跟时代步伐，泰格医药为进一步拓宽子公司方达控股的融资渠道，实现更快发展，增强泰格医药的整体实力和抗风险能力，于 2018 年 3 月宣布其将分拆子公司方达控股赴港股上市的计划。

分拆方达控股独立上市，有利于方达控股自行融资，也有利于母公司泰格医药与子公司方达控股各自集中自身优势、聚焦各自主业。分拆后泰格医药将聚焦于临床试验相关服务，而方达控股则主要负责新药研发临床前的一系列试验相关服务。

据方达控股港交所 IPO 招股书介绍，分拆上市前，方达控股的客户主要包括德赞臣、百济神州、费森尤斯、赛尔基因、杜克临床研究以及中国的扬子江药业、海正药业、绿叶制药和正大天晴等诸多知名客户。其中，大中型药厂客户占比合计超过 80%。强大的客户资源正是方达控股过硬实力的最佳佐证，而这或许便是高瓴资本、景林资产等知名机构愿意作为其基石投资者的原因所在。方达控股在港交所上市主要时间线如图 10-4 所示。公开数据显示，方达控股在港交所 IPO 时，经扣除应就全球发售支付的包销费用等相关支出后的募集资金超 15 亿港元，上市首日开盘价为 3.68 港元，较发行价上涨约 15%，市值峰值突破 70 亿港元。

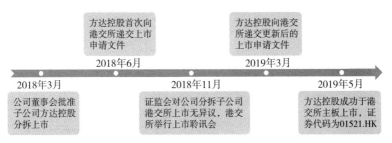

图 10-4　方达控股在港交所上市主要时间线

资料来源：泰格医药、方达控股公告。

公告显示，受益于市场行情较好，业务整体增长势头强劲，方达控股在港股上市后的首份财报表现得非常靓丽。2019 年度，方达控股总营业收入为 1.02 亿美元，同比增长 22.81%，归母净利润为 0.18 亿美元，较上一年大幅增长 66.6%。从 2021 年度经营成果来看，方达控股依然保持稳健增长，2021 年度实现收入约为 1.86 亿美元，同比增长 46.6%；毛利率为 36.2%，较上期提升 3.2 个百分点。

另外，2022 年 1 月方达控股已经获得《实验动物使用许可证》，并拥有可容纳包括非人类灵长类动物的房间及进行 GLP 和非 GLP 体内和体外毒理学、安全性和药物代谢研究的技术能力。随着临床前能力的逐渐提升，该板块有望成为其未来增长及衔接各业务板块的重要纽带。随着方达控股一体化能力的不断补足，其在中国及北美市场通过收购及自建/扩建的形式几乎补充了所有临床前板块的技术平台及生产能力。相信方达控股一体化平台将进一步打开能力链条天花板，提升其与母公司泰格医药的协同能力，迎来更加广阔的发展机会。

第 4 节　总结与思考

生物医药 CRO 行业处于一个监管严格、竞争激烈的产业环境，且面临较为明显的专业人才、行业实践经验及服务质量和资源网络的行业壁垒。在市场竞争中，研发实力强、业务范围覆盖全面且具备一体化服务体系的 CRO 将比其他市场参与者拥有更为明显的竞争优势。

在这样的产业环境和市场竞争背景下，战略并购无疑成为各 CRO 提升实力和实现快速发展的不二之选。目前来看，泰格医药收购方达控股并最终实现分拆上市，成功开拓第二增长曲线业务，无疑是其并购战略正确性的最好见证。他山之石，可以攻玉，在我们整理和分析的过程中，可以发现诸多可以引发思考和借鉴的方面，具体如下。

1. 兼并收购方案应服务于公司战略目标，不能无的放矢

泰格医药在公司层面的战略目标是"全球化布局以及构建一体化服务能力体系"，而制定这样的战略目标，其背后的逻辑是公司必须紧密联系自身所处的产业环境特征，密切结合市场需求。

只有战略正确，战术的执行才有价值和意义。回顾泰格医药收购兼并方达控股的整个过程，我们发现，泰格医药并购方达控股，是在公司正确战略的指引下有序实施的。本次并购完美地契合了泰格医药自身发展战略和发展目标。从成效上看，本次并购既补足了泰格医药临床前试验相关服务能力的欠缺，增强产业链深度和一体化服务能力，又凭借并购标的公司方达控股多年来在美国市场所积累的良好声誉和优质客户资源迅速进入美国市场，将整体业务范围进一步扩大，最终实现提升整体市场竞争力和影响力的战略效果。

因此，制定清晰的战略目标是实施并购的必要前提，不能无的放矢。

2. 跨国并购的风险及整合需考量因素与应对策略

泰格医药拟收购标的公司方达控股是一家美国公司，泰格医药拟对其收购将面临较高的跨国投资风险，包括国家层面的政治、贸易政策波动影响、双方业务整合不利及人员和文化整合失败等风险。

从目前的结果来看，泰格医药对方达控股这一跨国并购的整

合工作已基本顺利完成，还成功将其分拆上市。究其成功的原因，我们发现，泰格医药主要是通过牢牢把握住了以下几方面因素来有效控制跨国并购风险，值得借鉴。

第一，从并购之初便将并购标的管理层背景作为风险评估的因素。方达控股的创始人及核心团队多具有中国背景，对中国的文化并不太陌生，因此很大程度上减少了方达控股相关团队人员在被并购后面对集团实施整合工作时可能存在的隔阂感、文化冲突和不适应感。

第二，继续雇佣方达控股创始人李松博士等核心团队长期出任管理层等重要岗位，最大程度保障被并购方的管理结构和人心稳定性。

第三，泰格医药作为并购方，在业务和组织管理等方面介入方达控股时，采取了循序渐进的方式，而非大刀阔斧的颠覆式整合，极大地减少了被并购方人员可能出现的逆反心理。这也为并购完成后整合工作的顺利开展创造了良好条件。

正是凭借着优秀的跨国并购风险控制能力，泰格医药才得以在全球化和一体化发展的道路上高歌猛进，持续保持国内和国际CRO行业领先地位。

3. 卓越的人才管理政策是成功的关键

对于人才密集型的临床CRO行业来说，人才是业内公司提供优质服务的关键生产要素之一。生物制药研发过程需要训练有素且具备大量行业经验积累的人才队伍，而该过程在短期内无法轻易复制，因此建设人才梯队是业内公司实现稳健成长、基业长青的根本，这对很多其他行业的企业来说同样适用。

对泰格医药来说，人才不仅意味着能力出众，而且更需要尽职尽责且能够长期与公司保持同一战线。为此，泰格医药管理层制定了卓越的企业文化及人才政策。

第一，为专业技术人才、管理人才及国际化人才提供广阔的职业发展通道，借此吸引并留住人才。

第二，除了向员工提供具有竞争力的薪酬，还逐步实施各项长期股权激励计划，这些方案和制度进一步提升泰格医药的吸引力及保留人才的能力。

第三，另外，为持续引进新鲜血液，泰格医药专注从高校招募高素质的毕业生，大力推进校企合作战略，助力学校和学生不断成长，进而从培养的优秀学生中招募适合企业自身发展需要的人才。

据泰格医药年度报告披露，泰格医药与25所大学合作启动泰格学院，为大学生提供有关临床试验运营和现场管理的实践培训，该项举措使公司获得大量优秀人才储备。其公告显示，仅在2017年，便有1,800余名新员工入职泰格医药，其中包括来自30多所高校的260多名优秀应届毕业生。

以上种种措施合力形成了泰格医药在人才队伍建设方面不可或缺的市场竞争优势，进一步提升了公司的人才吸引力，已然形成一种良性循环，为泰格医药的长远发展添砖加瓦、保驾护航。

第11章　联美控股：清洁供热龙头切入高铁传媒市场

　　2022年3月，联美控股（股票代码：600167）旗下的高铁数字媒体龙头企业兆讯传媒（股票代码：301102）于深交所创业板成功上市。

　　联美控股前身为沈阳黎明服装股份有限公司（简称"黎明股份"）。黎明股份主要从事服装业务，1999年1月于上交所主板上市，后因经营不善等原因，经重大资产置换后转而从事供热业务，后续更名为联美控股。联美控股实际控制人为苏素玉、苏武雄、苏冠荣、苏壮强、苏壮奇五人，合计持股67.81%，且为一致行动人，所有意见以苏素玉、苏武雄为准。

　　为增加新利润增长点，2018年，联美控股收购兆讯传媒，形成以清洁供热和高铁数字媒体双轮驱动的业务模式。收购完成后，得益于兆讯传媒行业领先优势及联美控股实际控制人对经营的深度参与，兆讯传媒业绩一路高歌猛进。联美控股第二增长曲线业务的成功源于其敏锐的行业嗅觉、统一的企业文化及管理优势。本章将从联美控股的基本情况、第二增长曲线培育过程及对公司业绩的贡献、兆讯传媒分拆上市后的发展情况、总结与思考几方面对案例予以介绍。

第 1 节　历史沿革及经营概况

1. 乘高铁时代东风，跨入媒体领域蓝海

1999 年 1 月，黎明股份于上交所主板上市。因服装领域竞争激烈及内部管理不善，至 2000 年年末黎明股份已连续两年亏损，并于 2001 年 4 月被上交所实施 ST（Special Treatment，特别处理）。为改善经营状况，黎明股份与沈阳南湖科技开发集团公司进行资产置换，转型从事供热业务，并变更公司名称为沈阳新区开发建设股份有限公司（简称"沈阳新开"）。在经历多次股权变更后，2005 年，汕头市联美投资（集团）有限公司成为沈阳新开的第一大股东。2008 年沈阳新开更名为联美控股股份有限公司，2016 年 11 月更名为联美量子股份有限公司。

2018 年 7 月，联美控股以 23 亿元收购其实际控制人控制的兆讯传媒 100% 的股份。兆讯传媒成立于 2007 年，借高铁建设浪潮，兆讯传媒瞄准高铁媒体市场，率先开始高铁数字媒体业务布局。在绿皮车阶段，兆讯传媒便通过宣传铁路媒体价值，不断加大点位布局，至 2016 年兆讯传媒的媒体点位已经突破 8,000 台。2017 年以来，兆讯传媒进入加速发展阶段，2022 年 3 月于深交所创业板完成分拆上市。兆讯传媒的发展历程见图 11-1。

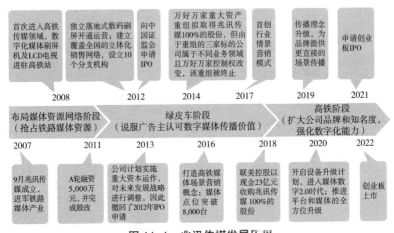

图 11-1　兆讯传媒发展历程

数据来源：兆讯传媒公告。

2. 高铁传媒备受青睐，双轮驱动促增长

　　联美控股采用清洁供热和高铁数字媒体双轮驱动的业务模式。其中，清洁供热为第一大主业，占主营业务收入的 80% 以上。在业务开展上，联美控股采用"自建 + 收购 + 能源管理"的模式。一方面注重内生增长，不断扩大原有供暖、联网面积。如 2017 年 7 月以 2.4 亿元中标沈阳市皇姑区 530 万平方米的供暖服务面积，并在两年完成业务整合和管理优化。另一方面注重外延投资。如 2016 年收购沈阳新北热电有限责任公司和国惠环保新能源有限公司 100% 的股份，新增以生物质为原料的清洁能源热电联产、通过热动式水源热泵对废热资源进行回收利用的集中供热等节能环保供热相关业务。在高铁数字媒体领域，公司于 2018 年收购兆讯传媒 100% 的股份，且自收购以来，兆讯传媒对联美控股主营业务收入贡献比例不断扩大，如图 11-2 所示，由 2018 年的 12.34% 扩大到 2021 年的 17.85%，成为母公司新的利润增长点。此外，联美控股也少量涉猎

工程和环保改造业务。联美控股重要子公司情况如表 11-1 所示。

表 11-1　联美控股重要子公司

子公司名称	持股比例	主营业务
沈阳浑南热力有限责任公司	100%	发电、供热，以清洁燃煤手段为沈阳用户提供集中供暖、供应蒸汽及发电业务
沈阳新北热电有限责任公司	100%	
国惠环保新能源有限公司	100%	供热，拥有国内单体装机规模最大的水源热泵项目，通过对城市中水余热提取并梯次加热利用，替代传统能源
沈阳沈水湾清洁能源有限公司	100%	
江苏联美生物能源有限公司	100%	发热、供电，专注于生物质热电联产项目的开发与运营
兆讯传媒广告股份有限公司	100%	广告经营
沈阳华新联美资产管理有限公司	100%	资产、物业管理
沈阳浑南市政建设工程有限公司	100%	工程施工
上海炯明经济发展有限公司	100%	投资、资产、物业管理

数据来源：联美控股公告。

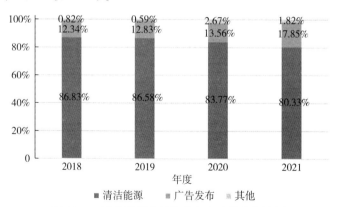

图 11-2　联美控股各板块业务占主营业务比例

注：数据可能存在进位误差。

数据来源：联美控股公告。

第2节 第二增长曲线培育及业绩贡献

1. 持续发力，领跑高铁传媒

（1）并购（2018）：把握高铁数字传媒风口

2018 年 11 月，联美控股及其全资子公司沈阳华新联美资产管理有限公司以 23 亿元收购拉萨兆讯投资管理有限公司、拉萨汇誉贸易有限公司、拉萨金宝利商务咨询合伙企业（有限合伙）、拉萨兆讯移动科技有限公司所持兆讯传媒的全部股份。

联美控股之所以选择收购兆讯传媒，源于当时所处的良好的发展时机及兆讯传媒的市场优势地位。在市场环境上，高铁网从"四纵四横"到"八纵八横"，中国高铁发展迅速，截至 2018 年年底，全国高铁营业里程已经占世界高铁营业里程总量的 2/3。高铁客流增长带动广告主增加对高铁媒体的投放力度，为兆讯传媒提供了有利发展时机。此外，经过多年发展，在行业地位上，兆讯传媒自成立伊始即瞄准铁路客运的数字媒体市场，从绿皮车到高铁，目前是拥有铁路客运站数字媒体资源最多的企业之一，并搭建起高铁数字传媒独有的壁垒优势，确立了行业内领先地位。在此背景之下，如果完成收购，兆讯传媒就有望成为联美控股新的利润增长点。联美控股公告显示，兆讯传媒的财务数据在历史期间纳入联美控股合并范围后，2017 年度其广告发布收入占比达 12.45%，净利润占比达 11.72%。

尽管兆讯传媒增长势头强劲，但隔行如隔山，缺乏跨行经营能力极可能导致经营失控。因此，联美控股进军一个陌生行业的动因，除了看重兆讯传媒的业绩潜力，更看重二者共同的企业文化背景及未来兆讯传媒持续稳定的经营能力。一方面，兆讯传媒与联美控股均为同一实际控制人控制下企业，具有相近的企业文化，相对易于整合；另一方面，苏壮强自兆讯传媒设立至今一直任董事长，具备深厚的广告行业运营和管理经验，因此合并不会导致兆讯传媒股权、经营层面的重大变动。核心人物苏壮强"实际控制人＋董事长"的角色赋予了联美控股跨行业经营的能力。

尽管有上述业绩、股权、业务的充分背书，但稳妥起见，联美控股在股权收购时与交易方签署了《盈利预测补偿协议》，其中约定，兆讯传媒原股东承诺兆讯传媒从 2018 年度至 2020 年度实现经审计归母净利润（合并报表口径）三年合计数不低于57,188 万元；若未达到前述业绩承诺总额将予以现金补偿，补偿金额为业绩承诺总额与兆讯传媒实际净利润的差额占业绩承诺总额的百分比乘以本次交易价格。该协议的签署，为后续联美控股收益提供了重要保障。

（2）**高速增长（2018—2021）：量变积累下蓄势待发**

得益于"高铁时代"的到来，兆讯传媒进入快速增长阶段，以优于同行的"点位数量＋点位质量"吸引广告主，形成核心竞争力。在媒体网络建设上，其与国内 18 家铁路局集团中的 17 家铁路局集团签署了媒体资源使用协议。截至 2021 年，兆讯传媒签约铁路客运站 558 个，开通运营铁路客运站 432 个（其中高铁站点 396 个、普通车站点 36 个），运营 5,607 块数字媒体屏幕，覆盖区域涵盖长三角、珠三角、环渤海、东南沿海等经济发达区域，以及县城等下沉市场，形成一张覆盖全国 29 个省级行政区、年触达客流量超过 10 亿人次的高铁数字媒体网络。在服务水准提升上，兆讯传媒建立了独特的广告刊播信息化管理系统，通过安全高效的网络传输手段，自主研发构建高效广告刊播信息系统平台，实现了对兆讯传媒数字媒体广告发布业务的网络传输与中央控制。在进行广告发布时可以做到24小时之内快速、及时换刊，充分满足广告投放的时效性需求。凭借上述核心竞争优势，兆讯传媒吸引了包括汽车、房地产、白酒、消费品、互联网、食品饮料等诸多行业的客户，与众多知名企业包括娃哈哈、五粮液、一汽大众、阿里巴巴等建立了良好的合作关系。

（3）阶段性成果（2022）：分拆上市水到渠成

凭借高铁数字媒体网络优势、数字化运营优势、客户资源优势以及品牌优势，兆讯传媒于2021年启动分拆上市工作，并于2022年3月作为国内高铁数字媒体领域第一股，成功登陆资本市场。第二增长曲线的布局，使联美控股与兆讯传媒整体实现了提升盈利能力、扩大投资价值和入围资本市场的双赢。至此2018年的跨行业收购也画上完美句号。

2. 高铁传媒领军者，助力业绩持续增长

由于子公司兆讯传媒在高铁数字媒体网络广度、深度方面具备显著的资源优势，相比零散分布的站点，其广告发布业务凭借规模效应对广告主拥有较强的吸引力，其市场议价能力也较强。由于高铁数字媒体网络的运营和维护成本相对固定，兆讯传媒的营业成本较为稳定，加上规模效应具有摊薄固定成本作用，故而广告发布毛利率较高，且于2018年至2019年，随着业务规模的进一步增长保持上升趋势。尽管受新冠疫情及媒体资源使用费上涨的影响，2020年、2021年公司广告发布毛利率有所下滑，但仍稳定于60%的相对高位，从而自收购以来有力地拉动了联美控股整体毛利率的上升，详见图11-3。

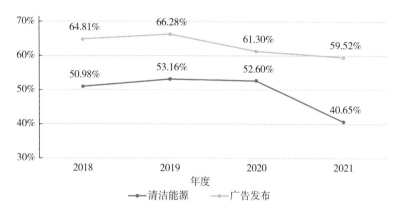

图 11-3　联美控股清洁能源及广告发布毛利率增长情况

数据来源：联美控股公告。

在营业收入贡献上，如图 11-4 所示，2018—2021 年，广告发布收入对公司主营业务收入贡献值由 3.75 亿元增长至 6.19 亿元；且占比也持续上升，由 2018 年的 12.34% 增长至 2021 年的 17.85%。

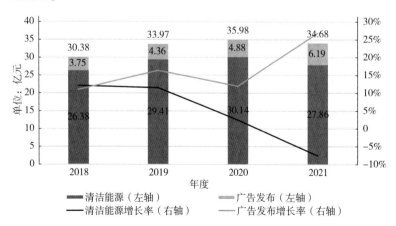

图 11-4　联美控股清洁能源及广告发布收入及增长情况

数据来源：联美控股公告。

第 3 节　分拆上市及上市后

1. 媒体资源持续优化，规模优势显著

兆讯传媒通过与铁路局辖区内广告公司签署媒体资源使用协议，获取长期数字媒体资源广告经营权，并通过在候车室、进出站等人员密集处安装电视视频机、数码刷屏机、LED 大屏幕等，为广告主提供广告发布服务。

兆讯传媒主要使用电视视频机、数码刷屏机发布广告。2018 年至 2021 年，随着高铁的快速发展，兆讯传媒逐步关停客流量较少的普通车站广告站点，将覆盖站点由普通站点优化至高铁站点。由于高铁站空间比较开阔，兆讯传媒在新建和优化高铁站点媒体设备时，优先定制尺寸更大、视觉冲击力更强、运维成本更低的数码刷屏机，使得其拥有的数码刷屏机数量逐年增加，由 2018 年的 3,115 台增加至 2021 年 6 月的 4,099 台，而拥有电视视频机数量则逐年减少，由 2018 年的 2,817 台减少至 2021 年 6 月的 1,385 台。站点相关情况详见表 11-2。

兆讯传媒客户主要集中在房地产、酒类、消费品、互联网、汽车、食品饮料六大行业，其中房地产客户的收入贡献最多。其原因在于高铁出行性质主要为商务及旅行，为高价值人群聚集区域，与房地产行业目标人群契合度较高。兆讯传媒的营业收入构成情况详见图 11-5。

表 11-2　兆讯传媒主要产品情况

产品类型	数码刷屏机	电视视频机	LED 大屏
产品形式			
截至 2021 年 6 月产品数（台）	4,099	1,385	97
站点数（个）	400+	近百	20+
媒体数（个）	4000+	1000+	近百
媒体到达率（%）	75.9	63.6	70.7
平均接触频次（次）	4.9	3.6	3.3
平均单次收看时长（秒）	18.6	22.8	17.6

数据来源：兆讯传媒公告。

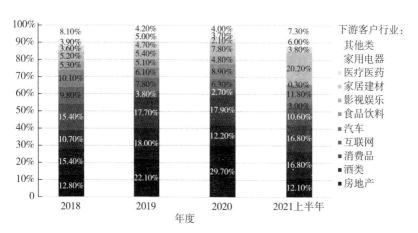

图 11-5　兆讯传媒营业收入构成情况

数据来源：兆讯传媒公告。

2. 增长势头强劲，疫后复苏乐观

兆讯传媒主营业务收入全部来自广告发布服务。由于数码刷屏机为提供服务所需的主要设备，且重要性逐年增强，其在主营业务收入中的贡献比例亦由 2018 年的 61.1% 增长至 2021 年的79.4%，兆讯传媒的主营业务收入构成情况见图 11-6。

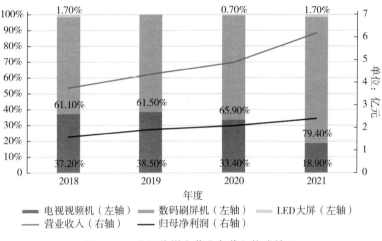

图 11-6　兆讯传媒主营业务收入构成情况

数据来源：兆讯传媒公告。

兆讯传媒从被收购至 2021 年持续保持强劲的盈利能力，营业收入及归母净利润复合年均增长率超过 15%。2021 年，营业收入为 6.19 亿元，同比增长 27%，2018—2021 年复合年均增长率为 18%；2021 年归母净利润为 2.41 亿元，同比增长达 16%。尽管新冠疫情之下存在全国交通管制、人口流动管制的现象，但是随着疫情缓解，铁路客流量较其他交通方式复苏更快，带动广告市场复苏，加上广告主的预算向优质媒介资源集中，兆讯传媒整体业绩仍十分乐观。

3.覆盖广度及数量远超同业，竞争优势明显

相比竞争对手，兆讯传媒专注于高铁候车室的数字媒体运营，媒体资源覆盖全国 432 个站点，同时通过信息系统平台统一数字化管控，实现广告刊播的一键换刊，无论是媒体资源丰富度还是管理效率，均更胜一筹，兆讯传媒与其竞争对手优劣势比较如表 11-3 所示。

表 11-3　户外媒体广告运营可比公司资源数量和地区分布

公司名称	屏幕数量	地区分布 / 高铁站数量	兆讯传媒优势
南京永达	800 块（以 LED 大屏、灯箱为主）	签约站点约为 500 个，媒体网络覆盖全国，拥有 800 块屏幕（以 LED 大屏和灯箱为主）	相较于南京永达以 LED 大屏为主，公司以数字媒体为主，屏幕数量较多。公司媒体全部为自建媒体，由信息系统平台远程管控，可以实现一键换刊，管理效率相对高
华铁传媒	以静态灯箱为主，部分优势车站拥有数字媒体	签约高铁站 63 个，媒体资源覆盖北京南站、上海虹桥、南京南站、徐州东站、杭州东站、广州南站、珠海站、福州站、哈尔滨站、西安北站、重庆北站、重庆西站、武汉站、沈阳北站等高铁站	华铁传媒媒体类型以高铁站灯箱为主。公司以数字媒体为主，展示效果较好，公司的覆盖站点范围更广
上海城铁	未披露	签约高铁站 6 个，以长三角为核心。高铁站点主要包括宁波站、苏州站、合肥南站、南京南站、杭州东站、上海虹桥站等上海局集团所属站点	上海城铁为区域性的广告媒介公司，媒体资源主要覆盖长三角区域。公司为全国性的媒介公司，媒体资源覆盖全国 90% 以上的省级行政区

（续表）

公司名称	屏幕数量	地区分布/高铁站数量	兆讯传媒优势
北京畅达	平面媒体为主，数字媒体数量较少	拥有北京南站全部平面媒体独家经营权，及北京西站、北京站等京津冀鲁等省份的44个高铁站，及北京局集团、济南局集团约500列高铁动车、200列普速列车内平面媒体的独家经营权	北京畅达为区域性的广告媒介公司，媒体资源以平面媒体为主，主要覆盖京津冀区域。公司为全国性的媒介公司，覆盖高铁站为其8倍，媒体资源全部为数字媒体，广告展示效果更佳

数据来源：上市公司公告。

4. 布局户外裸眼 3D，探索新增长曲线

2022 年 5 月，兆讯传媒发布公告，拟使用 2.5 亿元超募资金投资建设户外裸眼 3D 高清大屏项目，预计建设周期为 3 年，投资总额为 4.2 亿元，计划通过自建和代理方式在省会及以上城市取得 15 块户外裸眼 3D 高清大屏。

裸眼 3D 是利用人两眼具有视差的特性，在无辅助设备（如 3D 眼镜、头盔等）的情况下，获取具有空间立体形象的显示系统。近年来，在政策端，多项产业政策为裸眼 3D 广告行业提供发展契机。2022 年 1 月，《"百城千屏"活动实施指南》提出，到 2023 年 6 月，通过新建或引导改造国内大屏为 4K/8K 超高清大屏，加速推动超高清视音频在多方面的融合创新发展。在需求端，裸眼 3D 广告新颖、展示形式震撼，且具备较高的二次传播效率。如国内重庆解放碑的机器狗、成都春熙路太古里的宇宙飞船等裸眼 3D 效果在互联网、短视频 App 均反响热烈。未来裸眼 3D 有望替代传统屏幕成为市场主流 LED 屏。兆讯传媒依托高铁

媒体业务，在供应商资源上，常年与多家优质 LED 屏幕供应商如
京东方、利亚德等保持良好合作关系；在客户资源上，户外裸眼
3D 项目媒体目标客户为汽车、酒类、奢侈品、互联网等消费类
行业，与兆讯传媒客户具有协同性。这些均为裸眼 3D 项目的建
设奠定了良好的基础。截至 2022 年 8 月，兆讯传媒已布局 2 块
裸眼 3D 大屏，分别位于广州天河路壬丰大厦、太原亲贤街茂业
天地。裸眼 3D 广告运用场景如图 11-7 所示。

图 11-7　公司裸眼 3D 广告运用场景

数据来源：兆讯传媒公告。

目前，3D 大屏市场的主要玩家有凤凰都市传媒（广州太古
汇和北京西单各 1 块）、郁金香传媒（上海美罗球 1 块）、众益传
媒（长沙 7 块），竞争较为充分，但市场亦需进一步培育广告主
对 3D 大屏的理解和认识。如果该项目开展顺利，就有望为兆讯

传媒提供可观的利润空间。

第4节 总结与思考

1. 在跨行业收购中寻求联结优势

与自行培育的第二增长曲线业务不同，收购模式下，收购方因从未参与收购对象业务经营而对其内部管理、业务模式等了解程度有限，尤其当被收购对象已发展较为成熟并具备一定行业地位时，其整体运营已经模式化，难以轻易更改。因此，收购方最好具备介入企业运作的前提条件，例如选择与实际控制人、创始团队、投资人等有关联且相关人员能够深度参与管理的公司，本案例正是如此。这一选择的好处在于，收购方不仅能节省因信息不对称引发的尽调时间、资金成本，而且对收购对象所在行业发展情况、可持续盈利能力理解更为深刻，对被收购对象投资价值判断亦更为准确。收购本身就涉及业务、人员、资产、股权等的转移，花费人力、物力巨大，如果还涉及跨行业，则情形将更为复杂。因此，找到有效联结点是第二增长曲线培育成功的重要因素。

2. 积极利用盈利预测补偿承诺

收购时，被收购对象未来盈利预测通常包含在交易溢价中，但未来无法预见。如果被收购对象存在业绩下滑风险，那么利用盈利预测对赌既可以督促补偿义务人积极完成业绩承诺，又可以保障收购方无论被收购方业绩是否完成均能获得理想收益。如本案例中，联美控股通过盈利预测补偿协议实际获得超 5,000 万元补偿。需要注意的是，市场化并购应当更加注重企业长期发展而非短期绩效考评。公司管理层在设置盈利预测补偿时，应当兼顾自身收益及企业长远效率，特别是在被收购对象产品市场尚不稳定、盈利风险较高的情况下，如果要求被收购方股东承担较高补偿责任，极可能导致资产评估过程中存在高溢价，从而不但没有纠正并购标的的估值，反而导致了高溢价的产生，最终损害收购方利益。

3. 精准把握行业特性及发展趋势

联美控股之所以能在 3 年内完成收购及兆讯传媒分拆上市，得益于其对行业特性的准确把握。由于商旅客运为消费必需品，需求弹性小，受市场变化波动小，因此即便在新冠疫情期间出行受限情形之下，兆讯传媒仍能维持较为稳定的增长。此外，由于站点数量有限，且大型高铁传媒设备搭建后拆除难度较大，高铁传媒行业具备站点资源稀缺性、竞争性及排他性的特点，较为依赖企业的先发优势及其与供应商、客户的合作关系，行业科技创新及迭代属性相对较弱。壁垒优势一旦建立则持续时间较长且毛利率较高，因此收购这类企业所带来的收益会更加可观。

第12章　双杰电气：电力装备企业投资半年于美股上市

　　2022年6月，电力装备企业双杰电气（股票代码：300444）通过真为基金投资的能链智电（NASDAQ：NAAS）正式在美股上市。能链智电是国内规模最大、增速最快的新能源服务商之一，为充电桩制造商、运营商、主机厂等提供一站式服务，充电网络覆盖358个城市和900多家充电桩运营商，连接4.4万个充电站与超40万把充电枪。

　　双杰电气作为国内固体环网柜的开创者与领导者，近年来受到传统业务毛利率不断下降、输配电设备行业投资规模缩减等多方面挑战。为实现企业稳健发展，双杰电气开始探索第二增长曲线，寻求光伏、锂电池隔膜、充电桩等外延式发展，通过收购与投资并举的方式布局上下游产业，逐步转型成为综合能源服务商。

　　双杰电气是如何探索第二增长曲线，实现其"做智能电网领域一流设备供应商、智慧能源领域一流产业运营商"的美好愿景？向能链智电投资，投资后半年即赴美上市的能链智电又为双杰电气带来了哪些业务增长点？

　　我们深入分析双杰电气及能链智电的情况以一探究竟。

第 1 节　历史沿革及经营概况

1. 以创新驱动，力争成为固体环网柜行业领导者

双杰电气成立于 2002 年，早期以代理、组装国外电力设备为主；2004 年自主研发出六氟化硫充气式环网柜，也具备了高低压成套开关柜、箱式变电站等多种产品的生产能力，逐步向拥有自主研发能力的创新型企业转型。

2005 年生效的《京都协议书》让双杰电气看准了机会，决定斥巨资开发更加环保的环网柜产品；2007 年成功自主研发固体绝缘环网柜产品，被科技部认定为"国家重点新产品"；2010 年，30 台固体绝缘环网柜在"世界屋脊"西藏各供电局的老城区电网改造项目中投入使用，解决了以前气体绝缘环网柜因海拔高、气压低而自动膨胀，产生漏气造成短路的现象，证明了双杰电气在配电技术领域的技术实力。

2011 年，国家电网公司办公厅发布《国家电网公司第一批重点推广新技术目录》，固体绝缘环网柜是唯一一项环网柜产品。双杰电气因此迎来快速发展期。为了更好地服务环保智能配电网的建设，双杰电气快速行动，2013 年建成并投运了 3 万回路 / 年的智能型固体绝缘环网柜自动化生产线——"57 快线"，使得国产固体绝缘环网柜在工艺、质量方面双双迎来突破。

表 12-1 是双杰电气这些年来的发展历程。近年来，为抓住智能电网建设需求快速增长以及新能源行业政策性利好的机遇，双杰电气逐步形成了智能电网、智慧能源、锂电池"三驾马车，

协同并进"的布局模式。

表 12-1　双杰电气发展历程

年份	历程
2002	· 北京双杰配电自动化设备有限公司成立
2007	· 自主研发固体绝缘环网柜产品，荣获《国家重点新产品证书》
2008	· 整体变更为股份公司，注册资本6,518万元；次年在"新三板"挂牌
2010	· 设立全资子公司杰远电气，生产柱上开关、箱式变电站、高低压成套设备等产品
2011	· 以9元/股定向增资800万股，融资7,200万元建设智能型固体绝缘环网柜产业化项目一期工程
2013	· 设立全资子公司智远电力；建成年产30,000回路的智能型固体绝缘环网柜自动化生产线
2015	· 登陆创业板，发行25%新股，实控人赵志宏持股比例由23.7%降至17.78%
2017	· 电力领域内收购无锡变压器；新能源领域投资设立北杰新能、南杰新能，收购英杰融创，增持天津东皋膜
2018	· 成立全资子公司双杰合肥；成为天津东皋膜的控股股东
2021	· 设立子公司索沃电气、安徽智远及合肥新能源；双杰合肥数字化工厂建成投产；无锡变压器持股增至80%
2022	· 认购锂电池湿法隔膜企业金力新能源增发股份；投资新能源充电运营商能链智电

资料来源：双杰电气公告。

2. 促内生增长，受益于配电网升级改造

2015 年 4 月 23 日，双杰电气在深交所创业板上市，赵志宏、赵志兴、赵志浩三兄弟作为双杰电气的实控人合计持有双杰电气

49.3% 的股份。

图 12-1 是双杰电气 2012—2021 年的业绩表现。2015—2018年，双杰电气的营业收入和净利润分别实现了 37% 和 30% 的年均增速；2019 以来，双杰电气的营业收入受传统输配电设备在电网整体投资下降的影响出现了一定的波动，净利润受并购业务亏损导致的资产减值损失影响也出现大幅起落现象。

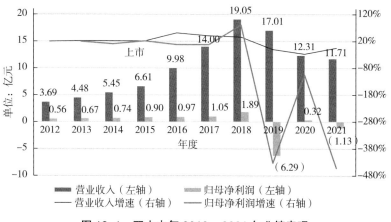

图 12-1　双杰电气 2012—2021 年业绩表现

资料来源：双杰电气公告。

双杰电气的主营业务为配电及控制设备的研发、生产和销售，主营产品包括 12kV 及以下环网柜、柱上开关、箱式变电站、高低压成套开关柜、配网自动化监控系统和其他配电自动化产品。其中，以国网旗下各个省市公司为主要客户的环网柜单项产品的营业收入为双杰电气贡献了约半数的营业收入和净利润。

双杰电气以环网柜产品为支撑的业绩攀升背后，是新型电力系统建设为行业带来的结构性增长机会。2015 年国家能源局印发《配电网建设改造行动计划（2015—2020 年）》，提到 2015—2020

年配电网建设改造投资不低于 2 万亿元的战略规划。随着农村电网改造升级规划落地，市场对环网柜、变压器、柱上开关等产品的需求陡增。表 12-2 是双杰电气 2015—2018 年环网柜产品的行业排名情况。作为 12kV 环网柜市场份额排名常年位于行业前列的企业，双杰电气因此显著受益。

表 12-2　双杰电气 2015—2018 年环网柜行业排名情况

	2015 年	2016 年	2017 年	2018 年
公司环网柜收入（亿元）	4.52	5.41	6.05	10.08
12kV 环网柜行业排名	1	1	4	3
12kV 环网柜市场份额	8.90%	9.46%	7.69%	10.41%

资料来源：双杰电气公告。

3. 领先优势不再，传统业务毛利率逐年走低

双杰电气上市前毛利率接近40%，在同行业中遥遥领先，并于 2015 年成功上市。但近年来双杰电气的毛利率逐年走低，至 2021 年其毛利率已不足 20%。这背后有着行业共性的原因，也受到行业销售结构变化的影响。国内输配电领域的制造企业数量众多，加上西门子、ABB、施耐德电气等跨国公司进入中国市场，行业内竞争大大加剧。双杰电气的产品售价被迫根据市场做出相应调整。

在双杰电气公司内部层面，因铜排、硅钢等大宗原材料价格大幅上涨，其前期中标的部分项目毛利率不及预期。另外，销售结构中毛利率较高的环网柜产品占总收入比重降低，环网柜对整体毛利率的贡献从接近 80% 下降至不足 50%，而毛利率较低的变压器、高低压成套开关柜、光伏 EPC（Engineering Procurement Construction, 公司受业主委托）等产品占公司总收入比例不断增高，

导致双杰电气主营业务综合毛利率一路下降，领先优势不再。

输配电设备行业经过 4 年的快速发展，已步入较为成熟的阶段。2019 年以来，国家电网、南方电网先后发布《关于进一步严格控制电网投资的通知》及《优化投资和成本管控措施（2019 年版）》，行业投资规模有所下降。2019 年全国电网建设投资 4,856 亿元，较 2018 年同比下降 9.62%。

行业增速放缓也体现在双杰电气输配电设备销量和以国家电网、南方电网两大电网公司为主的大客户销售额占比上。图 12-2 为双杰电气 2015—2021 年主要产品和大客户销售情况。

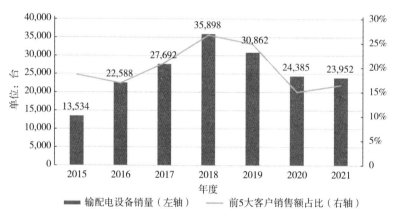

图 12-2　双杰电气 2015—2021 年主要产品和大客户销售情况

资料来源：双杰电气公告。

随着电网向物联网化、智能化趋势发展，电力装备行业的优势企业纷纷加大研发力度，争相提高产品技术的先进性，形成高度集成化、高技术含量、高电压等级的产品发展趋势，以求获得更大的盈利空间。新能源技术的成熟、智能电网建设的纵深发展，使得储能、分布式能源、微网运行等智能设备需求不断加大，智能电网将成为行业未来发展的新方向。双杰电气为适应市场变化，必须在稳固其传统业务的基础上，展开对第二增长曲线的主动探索。

第 2 节　第二增长曲线培育及业绩贡献

　　双杰电气在做大做强其传统业务输配电及控制设备制造的同时，也不断在新能源领域积极主动寻找产业机会，以适应国家鼓励发展的产业计划与新的市场需求。如表 12-3 所示，双杰电气自 2016 年起先后收购了无锡电力变压器、英杰融创、云南益通美尔，增资天津东皋膜，成立了北杰新能、南杰新能等子公司。这些举措优化和增强了双杰电气的盈利能力和业务规模，拓宽了其业务领域。

表 12-3　双杰电气主要收购及新设子公司

时间	子公司	主要业务	取得方式	参控关系	金额（万元）	持股比例
2010/11	杰贝特电气（杰远电气）	配电及控制设备	设立	全资	6,056	100%
2013/11	双杰智远	智能电网配套控制器	设立	全资	500	100%
2016/05	无锡电力变压器	变压器及配套产品	收购	控股	10,550	80%
2016/07	双杰新能（英杰融创）	分布式光伏电站 EPC 业务	收购	全资	514	100%
2016/07	云南益通美尔	计算机网络系统	收购	全资	1,403	100%
2016/10	北杰新能	电力供应	设立	全资	20,208	100%
2016/11	南杰新能	科技推广和应用服务业	设立	全资	20,209	100%

时间	子公司	主要业务	取得方式	参控关系	金额（万元）	持股比例
2017/06	天津东皋膜	锂离子电池隔膜	增资及收购	参股	45,300	52.51%
2018/12	双杰电气合肥	输配电及控制设备	设立	全资	20,000	100%
2021/03	索沃电气	输配电及控制设备	设立	控股	900	90%
2021/03	智远数字	输配电设备、充电桩	设立	全资	500	100%
2021/03	合肥双杰新能源	新能源技术开发	设立	全资	5,000	100%

资料来源：双杰电气公告。

1. 收购变压器生产企业，补足产业链短板

2016 年，双杰电气以 8,750 万元收购无锡市电力变压器有限公司（以下简称"无锡变压器"）70% 的股权。无锡变压器生产非晶变压器等多种配电变压器产品，充分受益于国家加大非晶变压器在配电网设备中的投资占比的政策。双杰电气此次收购意在一举多得地帮助其补足产业链短板。

首先，收购无锡变压器有利于提升箱式变电站产品的竞争力和总体利润水平。无锡变压器在业绩方面增长稳定，2016—2018年的净利润承诺也顺利完成。

其次，无锡变压器能够为双杰电气配电设备业务带来技术上的协同效应，缩短相关产品研发时间，提高研发效率。

最后，通过收购无锡变压器能够外延拓展补全配网产品系列，完善配电设备产业链。

　　由于国家电网 2016 年第二次配电设备招标启用新的招标分包模式，配电变台成套设备只能由变压器供应商投标，双杰电气的此次收购能够使其获得配电变台成套投标资质，此后可以独立完成全部配电变台设备的生产与销售。

　　图 12-3 是无锡变压器 2017—2021 年的业绩表现与营业收入贡献。2021 年双杰电气再度加码，增资 1800 万元将股权增持至80%。这是其完善第一板块产业链、发挥协同效应、促进不同市场交叉拓展的重要举措。

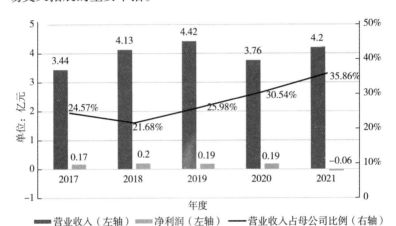

图 12-3　无锡变压器 2017—2021 年的业绩表现与营业收入贡献

资料来源：双杰电气公告。

2. 收购双杰新能，切入光伏业务

　　2016 年发展改革委发布的《电力发展"十三五"规划》中提出分布式光伏装机规模达到 6,000 万千瓦以上的战略目标。分布式光伏企业迎来绝佳发展机会。双杰电气看准机会，以 300 万元收购英利集团旗下的英利融创 70% 的股权，其是后来的全资子公司双杰新能前身，正式切入光伏电站来开发市场。

双杰新能为光伏电站提供 EPC 业务服务，将设计、采购、施工、运维等全流程服务予以承包。其利用输变电工程专业承包三级资质和电力工程施工总承包三级资质，设计安装光伏电站 300 余座，总装机容量超过 100 万千瓦，与中石化、中石油、北京燃气、华润集团、三峡新能源、国电投等国有大中型企业建立了紧密的业务合作伙伴关系。

双杰电气传统的输配电设备制造业务和新兴的光伏开发业务能够形成良好的协同效应，有以下两个原因。第一，双杰电气在智能电网领域服务于国家电网公司、南方电网公司，在并网侧占有较大市场份额，可以在已开发业务以外提供高低压配网设备、变压器、电能质量治理等配套设备。第二，双杰电气设备的自动化管理和自动化运维也是实现光伏自动化的良好铺垫。

在传统光伏电站开发业务的基础上，双杰电气进一步提供"光储充一体化"的综合能源管理解决方案。其为合肥数字化工厂建设的"光储充"多功能一体站就实现了 250kW/500kWh 的储能容量和 80% 的综合转换效率。

未来双杰电气结合其在充换电站方面的布局，打造以分布式光伏 + 储能 + 充电桩 / 站 + 换电模式为核心的多源合一的用能模式，将推进一批光储一体化 +BIPV（Building Integrated Photovoltaics, 光伏建筑一体化）的综合能源项目建设。

随着综合能源服务被提升到公司战略高度，2022 年上半年双杰电气在光伏 EPC、充电桩、储能等综合能源业务领域实现 1.5 亿元的收入，占营业收入的 17.72%，同比增长 598.48%。

3. 增持东皋膜，涉足锂电池隔膜

双杰电气为了增强在新能源领域的竞争力，抓住锂电池及湿

法隔膜的市场发展契机，多方谋求新的利润增长点。

2016 年 6 月，双杰电气对天津东皋膜技术有限公司（以下简称"天津东皋膜"）增资 1.3 亿元，持有东皋膜 31% 的股份，成为天津东皋膜第一大股东。随后，双杰电气先后通过对天津东皋膜进行股权收购、增资等方式进一步扩大持股比例至 51%，一举成为天津东皋膜的控股股东。

表 12-4 是双杰电气增持天津东皋膜的全过程。天津东皋膜成立于 2010 年，主要生产双面陶瓷涂层隔膜，解决动力电池组使用寿命和安全性的难题。2017 年，双杰电气已基本建成四条生产线，进入调试和局部改造阶段，并向德朗能、福斯特、迪比科、河南鹏辉、星恒等电池企业试供货。

表 12-4　双杰电气增持东皋膜过程

日期	投资金额（亿元）	方式	总股数（万股）	持股比例
2016/06/18	1.3	增资	3,493.80	31.00%
2017/09/18	1.08	收购	1,348.71	42.97%
2017/10/13	0.62	增资	823.66	44.98%
2018/01/16	1.23	增资	1,551.07	51.00%
2019/04/19	0	无偿转让	212.62	52.51%

资料来源：双杰电气公告。

然而，天津东皋膜原计划"年产 2 亿平方米动力电池湿法隔膜生产线"的项目进度滞后，建成后连续生产的稳定性也达不到预期，加上 2019 年隔膜市场竞争激烈，产品价格连续走低，天津东皋膜连续亏损。如表 12-5 所示，2016—2019 年三期的业绩承诺也远未达成。天津东皋膜自 2020 年 1 月停产。持股比例达到 52.51% 的双杰电气在 2019 年计提资产减值损失 9.3 亿元，其中针对东皋膜的各项减值损失合计近 8 亿元。巨额损失将双杰电气公司整体利润拖入前所未有的谷底。

表 12-5　东皋膜 2016—2019 年业绩情况

年份	净资产（亿元）	营业收入（亿元）	净利润（亿元）	承诺净利润（亿元）
2016	2.23	0.76	−0.43	1.2
2017	2.93	0.21	−0.29	
2018	3.63	0.35	−0.58	1.8
2019	−3.04	0.07	−6.67	2.3

资料来源：双杰电气公告。

事实上，锂电池隔膜属于制造设备精密的重资产行业，存在较高技术壁垒，投资金额巨大且回报周期长。随着隔膜国产化比例超过 93%，加上企业产能规模化效应带动成本下降 5%—10%，尤其湿法龙头企业渗透率高且具有更低的成本与价格优势，非龙头隔膜企业在总体产能过剩、产品价格下滑、市场竞争加剧的压力下，企业生存面临多重压力和挑战。

4. 换股盘活资产，换取拟上市股份

尽管收购天津东皋膜的后续发展遭遇了不小的挫折，但锂电池隔膜行业仍然是极有前景的第二增长曲线业务。为了有效整合天津东皋膜这部分资产，双杰电气找到了拟上市的湿法隔膜企业——河北金力新能源科技股份有限公司（以下简称"金力新能源"）。2022 年 6 月，双杰电气以持有的天津东皋膜股权债权认购金力新能源增发的 2,200 万股股份，未来以金力新能源支付的股

息及股份出售的收益向天津东皋膜原债权人支付受让债权的价款
及利息。天津东皋膜成为金力新能源的控股子公司。图 12-4 是
双杰电气与金力新能源的换股交易方案。

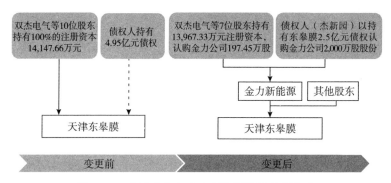

图 12-4　双杰电气与金力新能源换股交易方案

资料来源：双杰电气公告。

金力新能源成立于 2010 年，是国内锂电池湿法隔膜排名前三
的企业，拥有锂电池隔膜生产线 13 条，年产能达到 10 亿平方米，
服务比亚迪、国轩高科、亿纬锂能等客户。2021 年已实现近 7 亿
元收入和超 1 亿元净利润，并于 2022 年 4 月进行上市辅导备案。

通过本次交易，陷入停产困境的天津东皋膜可以借助金力新
能源丰富的研发、生产经验，整合其设备和产能资源，盘活资产；
而金力新能源也可以利用天津东皋膜现有的生产线及设备来扩大
产能。随着产能不断增长，金力新能源的盈利能力有望持续增强。
换股双方借此实现优势互补。

对于上市公司双杰电气来说，尽管处置天津东皋膜股权债权
对其业绩造成了一次性损失，但通过置换持有金力新能源的部分
股权，金力新能源的上市确定性变高，且相较于恩捷股份等已上
市的湿法隔膜企业，金力新能源的市值增长潜力巨大，未来若减

持变现可取得数亿元收益。

更重要的是，双杰电气的资产质量和经营重点得到了优化，影响业绩下滑的不利因素逐渐减小。这使得双杰电气后续能够整合现有资源，提高资产流动性和资金使用效率，集中各项资源发展输配电主业和光伏、充电桩、重卡换电等新能源业务，以提升业绩，使公司的综合竞争力重返行业领先水平。

总体看来，此次交易符合三方公司的战略发展要求，同时也与国家新能源发展的政策要求相吻合。

第3节　投资能链智电

1. 投资中国充电服务上市第一股能链智电

为响应国家发展绿色能源、低碳经济的号召，把握新能源发展机遇，进一步提升综合竞争力和盈利能力，充分利用专业投资机构的经验和资源，双杰电气出资 3,000 万元参股设立真为基金旗下一支私募基金向新能源服务商能链智电进行投资。

能链智电是中国规模最大、增速最快的新能源服务商之一。其独创的"NaaS"系统（NewLink as a Service）能够连接产业链上下游，为充电桩制造商、运营商、主机厂等提供一站式服务。截至 2022 年 6 月，能链智电的充电网络覆盖了 358 个城市，连接了 4.4 万个充电站与超 40 万把充电枪。2021 年实现订单 5,500 万单，电动汽车公共充电量达 12.33 亿度，占 2021 年中国电动汽车公共充电量的 18%；2022 年上半年实现营业收入 1.08 亿元，净收入实现了 4.5 倍的增长；充电量为 10.6 亿度，同比增长

160%，是整个行业的市场增速的2倍。

2022年2月8日，能链智电宣布与美股上市公司瑞思教育（REDU）进行合并，壳公司股价一度冲高至46美元。2022年6月11日，能链智电正式登陆纳斯达克交易所，成为中国充电服务上市第一股，上市首日收盘价为17.05美元/股，真为基金实现超6倍浮盈。

投资能链智电不到半年，双杰电气就斩获了一家美股上市公司，不仅投资领域充分受益于我国新能源汽车充电产业的迅猛发展，同时投资标的作为业内领先的新能源服务平台，能够有力带动双杰电气以电力设备供应商的角色切入产业链下游。如图12-5所示，能链智电上市以来，双杰电气的股价呈波动上扬的趋势，反馈出市场乐观的预期。

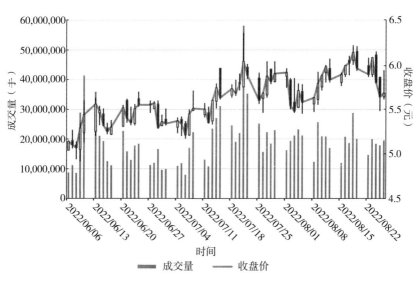

图12-5　能链智电上市以来双杰电气的股价走势

资料来源：Choice数据。

2. 新能源汽车充换电早已布局

双杰电气早在 2016 年就意识到了新能源电动汽车市场及配套充电桩市场的爆发式增长，在充电领域展开布局。基于继电保护相关产品的研发基础，形成了 30kW 至 480kW 直流充电桩、7kW 交流充电桩等全系列产品，用于整车快速、中速和慢速充电，并取得了国网供应商资质。双杰电气自主研发的电动汽车功率模块作为电动汽车直流充电桩的核心部件，可以实现换电站场所多功能快速直流充电，充电模块效率达 95% 以上，帮用户节省空间的同时降低系统成本，满足用户对充换电站的建设及运营需求。

2019 年，双杰电气与某汽车企业联合成功开发共享移动直流充电桩并入围其供应链。通过此项研发，双杰电气具备了双向充电桩的技术储备，拥有了生产 V2G（Vehicle-to-Grid, 车辆到电网）、V2V（Vehicle-to-Vehicle, 车辆到车辆）功能充电桩的能力，基于此技术的柔性共享移动充电能够显著提升充电运营商的单桩利用率。与此同时，双杰电气也在积极布局换电业务，全面布局综合能源解决方案。

《2020 年政府工作报告》中，将建设充电桩扩充为"增加充电桩、换电站等设施"，并把新能源汽车充换电基础设施列为新基建的七大重点领域之一。双杰电气聚焦电动重卡这部分细分市场，针对载重大、出勤长、耗能多、电池能量密度和充电时效水平无法满足其应用场景等问题，在北京、合肥、内蒙古等地建设重卡换电站。合肥首座"光储充换"新能源重卡换电站单站占地面积小于 100 平方米，日均可为 50—80 台电动重卡服务。通过智能平台实现车辆信息识别、充电功率匹配，单车换电仅需 3—5 分钟，保证了电动重卡快速补能和连续出勤。双杰电气是国内最早具备重卡换电站落地能力的民营上市公司。

3. 业务协同与投资收益双丰收

双杰电气投资于下游的新能源网络平台能够产生完美契合的业务协同作用。不同于传统输配电业务以两大电网公司为主要客户，国内的充电市场以公共充电为主，充电桩产业链的三个环节中，上游充电设备商呈现出充分竞争且产品同质化程度高的特征，中游的运营商也呈现出高度分散的市场格局。双杰电气作为充电桩供应商想要提高市场占有率，需要与广泛的运营商建立联系。

能链智电作为一个拥有资源聚合能力的服务商，与特来电、星星充电等在内的 900 多家充电桩运营商合作，提供集合买桩、买电、选址、运营、运维等多元服务的一站式解决方案。当运营商有新的建站需求时，能链智电帮助充电桩制造商进行销售，能链智电与双杰电气协同后即可为双杰电气的充电桩业务拓宽销售渠道。

投资能链智电能够为受并购业务影响而亏损的双杰电气带来丰厚的投资收益。2022 年年底，我国新能源汽车保有量约为1,310 万辆，而全国充电基础设施累计达到 521 万台，车桩比约为 2.5∶1，距离车桩比 1∶1 的建设目标仍差距不小。我们可以预见在未来将有更广阔、更密集的充电桩网络和更可观的充电交易量，以流量收入和电桩销售收入为主的能链智电也将迎来业绩爆发期。对比美国可比公司 ChargePoint（NYSE：CHPT）57亿美元的市值，目前仅有 10 多亿美元市值的能链智电在广阔的中国市场仍有极具潜力的增长空间。双杰电气的此次投资预期收益良好。

第4节　总结与思考

　　双杰电气在探索第二增长曲线道路上的两次代表性尝试是收购天津东皋膜与投资能链智电，分别以一重一轻的投资方式介入，也分别对应两个投资标的实行不同的资产运营模式。锂电池隔膜业务属于需要投入巨额资金的重资产行业，当然也面临着更多的产能不及预期、市场竞争激烈的风险。好在双杰电气在后期与金力新能源巧妙换股，盘活整合了天津东皋膜资产，以持有拟上市公司的优质股份轻装上阵，在锂电池隔膜行业持续布局。能链智电处于双杰电气充电桩业务的下游产业，轻资产运营却覆盖了全国最大的电动汽车公共充电网络，能够为双杰电气向运营商销售充电桩搭建丰富的渠道。

　　双杰电气能够通过投资能链智电实现投资收益、产业协同的双丰收，第一得益于投资标的与自身业务的高度契合性和投资标的极强的成长性。国内新能源汽车产业的发展有政策规划、工业基础、消费市场等多重优势加持，充电是这个发展过程中的"消耗品"也是"必需品"，谁能率先聚合分散竞争的充电桩市场，谁就能建立有先发优势的壁垒。第二，能链智电作为优质投资标的能够被双杰电气挖掘，离不开私募股权投资基金得天独厚的优势，依托基金普通合伙人的专业团队优势、项目资源优势，找到与双杰电气业务相关的，具有先进技术、创新技术、产品潜力的成长性项目的机会得到大大提高。上市公司借助专业基金管理团队进行投资，是加深与业内优秀公司的战略合作、提升公司综合竞争能力的有益探索，也是发展第二增长曲线业务的绝佳实践。

第13章　杰瑞股份：围绕主业延伸产业链开辟新格局

　　尽管面对全球和国内石油、天然气开采行业周期性波动带来的不利影响，以及全球政治、经济、金融等外部形势的复杂变化，烟台杰瑞石油服务集团股份有限公司（以下简称"杰瑞股份"，股票代码：002353）依然顺利实现了控股子公司德州联合石油科技股份有限公司（以下简称"德石股份"，股票代码：301158）的分拆上市。

　　杰瑞股份是国内先进的油气田设备和技术工程服务提供商，成立于1999年。2010年，杰瑞股份在深交所成功上市，总市值为68亿元。为延伸油田服务产业链，持续提升自身规模和盈利能力，增强风险抵御能力，杰瑞股份于2011年至2014年期间，通过增资、收购原股东股权等方式，收购了德石股份55.32%的股权，达到实质控制地位。2022年1月，德石股份在创业板上市。

　　截至2022年6月30日，杰瑞股份的市值从2004年首发上市时的68亿元增长到386亿元，旗下的德石股份市值为31亿元。为了提高发展质量，杰瑞股份近年来开始积极向市场化程度更高的新能源、环保、环卫领域发展。杰瑞股份在2021年年度报告中提出，未来将以油气装备、新能源为双主业，协同发展环保、环卫等多业务板块。

杰瑞股份通过对德石股份的收购、培育和分拆上市，拓展第二增长曲线取得的成效如何？杰瑞股份提出双主业发展战略的背景和原因是什么？下面我们将重点围绕这两个问题展开思考。

第 1 节　历史沿革及经营概况

杰瑞股份的原名为烟台杰瑞设备有限公司，成立于 1999 年 12 月，注册资本为 50 万元。杰瑞股份在成立之初是以经营油田、矿山进口专用设备及配件销售为主营业务，在发展过程中，业务逐步拓展到设备维修服务，两项业务相互促进，初步奠定了其面向油田市场的技术和客户基础。

2002 年，杰瑞股份成立固压设备研发部，在设备维修的基础上逐步开发并掌握固井橇、压裂泵橇等油田专用设备的生产技术与工艺，并于 2004 年 2 月在该研发部基础上组建石油装备公司，专门从事固井设备、压裂设备、天然气压缩/输送设备等油田专用设备的研发生产与销售。基于对市场动向的判断，杰瑞股份于 2004 年 8 月设立石油开发公司，并于 2006 年将业务拓展至泵送类、岩屑回注等海上油田技术服务领域。

至此，杰瑞股份形成了以油田、矿山设备维修改造以及配件销售业务为基础，以油田专用设备制造和海上油田技术服务为战略发展方向，集油田专用设备的研发、生产、销售、维修以及油田工程技术服务于一体的综合性业务体系。

2001 年至 2005 年期间，杰瑞股份共完成 4 次增资，注册资本由最初的 50 万元增加至 2,000 万元。2007 年 11 月，杰瑞股份由有限责任公司整体变更为股份有限公司，总股本为 7,980 万元。2008 年，为激励员工与公司共同发展，同时为整合资源、增强对子公司油田专用设备制造业务的管理与控制，杰瑞股份完成了 2 次增资，总股本变更为 8,581.8 万元。

自成立以来，杰瑞股份以客户需求为中心，适时适度延伸产业链，由配件销售（含代理销售）进入维修服务领域，由维修服务领域进入设备制造领域，由设备制造领域进入油田工程技术服务领域。业务领域不断延伸的过程就是公司逐步发展壮大的过程（见图 13-1）。

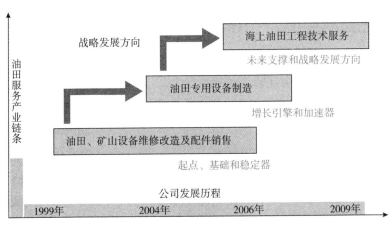

图 13-1　杰瑞股份发展历程及战略方向

资料来源：杰瑞股份公告。

经过多年发展，杰瑞股份成为国内迅速崛起的油田专用设备制造商与油田服务提供商。杰瑞股份的主营业务中，设备类（维修改造及配件销售、油田专用设备制造）业务发展势头良好，其中压裂设备、连续油管作业设备快速进入北美市场，加入该细分市场的全球竞争企业行列；服务类（油田工程技术服务）业务取得良好布局，逐步获得突破和开始进入收获的阶段。

杰瑞股份为了实现"以维修带动销售、以销售带动生产、以生产保障服务、以服务促进生产"的业务板块之间的协同联动效应，并将品牌产品打入国际市场，提升国际影响力，经中国证监会核准，于 2010 年 2 月顺利完成首次公开发行，共发行人民币普通股股票 2,900 万股，募集资金总额约为 17.26 亿元，发行价格为 59.50 元 / 股，市盈率为 81.78 倍。发行完成后，杰瑞股份总股本变更为 11,481.80 万元，对应总市值约为 68 亿元。

第 2 节　第二增长曲线培育及业绩贡献

首次公开发行完成后，杰瑞股份将募集资金主要用于油田专用设备制造和海上油田钻采平台工程作业服务，使得相关业务的生产和服务能力大幅度提高，服务一体化程度得到显著加强。杰瑞股份 2011—2014 年的经营业绩得到快速成长（见图 13-2）。

然而，杰瑞股份的发展并非一帆风顺，在主营业务快速增长的背后存在一些隐忧。杰瑞股份生产的产品、提供的服务主要应用于石油及天然气开采行业，属于石油及天然气设备制造与服务行业范畴。杰瑞股份主营业务的发展状况，与中国乃至世界石油及天然气开采行业的发展及景气程度直接相关。

长期来看，全球的 GDP 增长率、石油天然气的供需关系和全球石油勘探开发投资，是影响行业景气程度的决定因素。历史数据表明，石油天然气的需求增长率与同期的全球 GDP 增长率高度相关。油气的供需状况的变化，将直接影响油气价格的波动。油

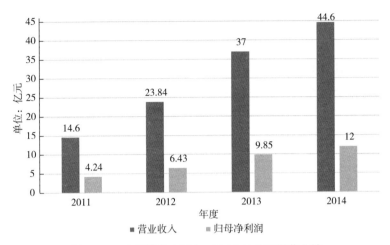

图 13-2　杰瑞股份 2011—2014 年主要经营业绩

资料来源：杰瑞股份公告。

气行业的供需变化和油气价格决定了油气公司的勘探开发投资，而油气公司的勘探开发投资最终决定了对油田专用设备及油田技术服务的需求。

　　因此，如果油气价格持续低迷，那么将会抑制或延迟油气公司的勘探开发和生产投资，从而减少或延缓对油田专用设备及油田技术服务的需求。受世界经济形势的变化、石油勘探开发投资规模波动等诸多因素的影响，杰瑞股份会面临石油天然气行业周期性波动的风险。

　　此外，杰瑞股份产品生产所需的主要零部件靠外购或外协取得，如柱塞泵等关键部件以提供技术图纸的方式委托外协加工或外购取得，发动机、变速箱和液压件等标准化的部件以外购方式取得。外购件、外协件的供货数量、产品质量及供货周期不能满足生产需要，或供货价格发生重大变化，都将对杰瑞股份的生产经营造成不利影响。

在这种情况下，杰瑞股份的管理层经过审慎思考达成共识，并在杰瑞股份 2011 年年度报告中明确指出：必须深入了解和把握市场切入点，凭借产业链条不断延伸，建立各项产业的一体化服务能力和多产业的一体化协同能力，不断去积极延展产品线和服务线，充分运用资本运营来持续整合产业链价值，把握全球油田服务的细分市场和区域市场竞争格局的变化趋势，提供满足市场差异化的技术和服务，持续进入油气领域的增量市场而不断发展壮大自己。经过四年的高速发展，公司已经确立了在设备制造（固压设备、液氮泵设备、连续油管作业设备）这个细分市场的全球先进的竞争地位，仍需再接再厉扩大优势和延伸产业链，跨越制造和服务一体化发展的桎梏，突破服务规模和服务技术的瓶颈，打造专业化、一体化的油田服务产业链，向一流的国际化油田服务公司目标迈进。

杰瑞股份希望借助资本市场的力量，积极寻求第二增长曲线，不断延伸产业链，持续提升自身规模和盈利能力，增强风险抵御能力。在此基础上，杰瑞股份开始在上下游产业链中寻求新的发展方向，最终将目光投向其股东德石股份。

德石股份是国内知名的螺杆钻具制造商。其前身是成立于 1961 年的地质部第一普查大队机械修配厂，后为中国石化集团公司德州石油机械厂，2004 年 6 月完成改制，正式变更为有限责任公司。

德石股份自 20 世纪 80 年代中期起已开始同中石油、中石化下属钻探、油田单位建立了业务合作关系，自 90 年代起开始从事螺杆钻具的生产销售业务，成为早期三家较为知名的从事螺杆钻具生产的厂商之一［分别为：德石股份前身德州石油机械厂、北京石油机械有限公司前身北京石油机械厂、渤海石油装备（天津）中成机械制造有限公司前身大港油田总机械厂］，与中石油、中石化及其下属单位建立了稳定的合作关系。

德石股份 2008 年度、2009 年度、2010 年度的主营业务收入分别为 2.47 亿元、1.64 亿元、2.16 亿元，净利润分别为 2,840.81 万元、1,658.58 万元、3,450.78 万元。自 2007 年起，德石股份连续多年被评为中国石油石化装备制造业"五十强企业"。

德石股份的产品主要应用于井口以下部分的钻井阶段。杰瑞股份主要生产固井、压裂、连续油管设备及油气工程设备，主要应用于井口以下部分的固井、完井、修井、增彩等阶段以及井口以上部分的分离、净化及集运输送等地面生产服务阶段。

从应用领域角度看，德石股份和杰瑞股份所生产的产品存在较强协同性。杰瑞股份与德石股份在市场、技术、研发和管理等方面的优势互补，在提升杰瑞股份油田服务链条的整体实力和延伸产业链条方面具有重要意义。

杰瑞股份为延伸油田服务产业链，开拓工具类产品及市场，促进油田服务业务板块发展，提升油田服务链条的整体实力，于 2011 年 4 月与德石股份（时用名：德州联合石油机械有限公司）签署协议，以 1.38 亿元现金向德石股份增资，德石股份每 1 元注册资本对应的交易价格为 6.45 元，德石股份的整体估值对应约为 3.86 亿元。增资完成后，杰瑞股份持有德石股份 35.74% 的股权，成为德石股份第一大股东，但尚未达到实质控制的地位。

通过本次增资，德石股份获得了足够的资金，得以进行传统产品技术升级和技术改造，以及其他钻采工具、井下工具的研发和开拓。而德石股份具有钻采动力工具的全过程生产能力，也在一定程度上弥补了杰瑞股份在该领域生产制造能力的不足。

2011 年 11 月，杰瑞股份以 2,179.68 万元现金收购德州股份 18 名自然人股东合计持有的 5.94% 的股权。德石股份每 1 元注册资本对应的交易价格为 6.45 元。此后，杰瑞股份于 2014 年 1 月 7 日、5 月 7 日、6 月 3 日、10 月 20 日，合计收购了 8 名自然人所持德石股份 799.84 万元的注册资本，交易总价款为 3,018.73 万元。收购完成后，杰瑞股份持有德石股份 55.32% 的股权，达到实质控制的地位。

第3节　分拆上市及上市后

德石股份历经多年发展，积累了较强的技术研发能力和丰富的生产经验，拥有系列螺杆钻具产品以及井口装置、泥浆泵等装备产品的研发、生产经验，积累了多项核心技术，能够根据客户多样化的产品需求，长期且稳定地提供产品的规模化生产服务。同时，德石股份主要客户包括中石油、中石化、中海油等国内大型能源企业的下属各工程技术服务公司以及部分大型煤炭能源开采机构，拥有大量的优质客户资源，并与客户建立了稳定的合作关系。2020 年度，德石股份的螺杆钻具在国内的市场份额排名第二。此外，在传统的油气勘探开发业务领域外，德石股份还新拓展了矿山防治水业务领域。

德石股份在杰瑞股份一体化技术和工程解决方案支持下，借助资本市场的加持，其经营业绩获得了较大提升。截至 2021 年，德石股份的营业收入规模和净利润水平，均比被收购前（2010 年）得到显著提升（见图 13-3）。

2017 年 6 月，德石股份完成股改，整体变更为股份有限公司，注册资本为 112,777,810 元。2018 年 3 月，德石股份的股票在全国股转系统挂牌并公开转让。2020 年 4 月，杰瑞股份发布公

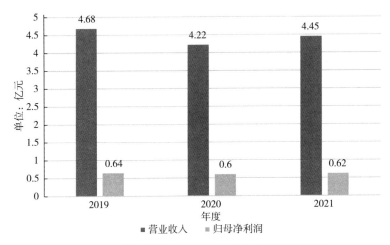

图 13-3　德石股份 2019—2021 年主要经营业绩

资料来源：杰瑞股份公告。

告，为了进一步拓宽德石股份的融资渠道，规范公司治理，提高股票流动性及整体估值水平，同时推动自身及德石股份各自的主营业务发展，强化各自所属不同业务板块的技术创新能力，把握市场机遇，计划分拆德石股份至创业板上市。

2022 年 1 月，德石股份顺利完成了首次公开发行并在创业板上市。此次共发行人民币普通股股票 3,759.27 万股，募集资金总额约为 5.88 亿元，发行价格为 15.64 元 / 股，市盈率为 41.62 倍。发行完成后，德石股份总股本变更为 15,037.05 万元，对应总市值约为 23.5 亿元。

为了提高公司发展速度和发展质量，杰瑞股份在完成德石股份分拆上市后，近年来继续积极布局符合国家重大发展战略方向的产业，向市场化程度更高的新能源、环保、环卫领域发展。2022 年 3 月，杰瑞股份旗下的杰瑞新能源在甘肃省天水市甘谷县举行年产 10 万吨锂电池负极材料项目开工仪式。此次落地的杰瑞 10 万吨锂电池负极材料项目开工后将建设磨粉、造粒、石墨化、成品等共计 9 个数字化车间，致力于新能源锂电池最前沿的材料生产与制造，为推动绿色循环经济贡献力量。

杰瑞股份作为一家深耕油气领域二十余年的上市公司，拥有原材料供应和成本的显著优势，将继续推进在新能源领域的快速发展。杰瑞股份旗下的杰瑞环保在各大油田全面布局，每年含油废弃物处理量达 200 万余吨，已发展成为油泥热解及装备制造领域全国首位的实体制造企业。

根据公司发展计划，杰瑞股份将以油气装备、新能源为双主业，协同发展环保、环卫等多业务板块，形成兼顾当前和未来发展、对冲石油行业强周期性的传统产业和新兴产业并举的新格局。

第 4 节　总结与思考

目前，杰瑞股份已发展成为国内先进的油气田设备和技术工程服务提供商。近些年，杰瑞股份的多个重磅产品创造了国内同类企业的多个第一和世界油气发展史上的多项纪录：自主研发生产国内第一台大管径连续油管作业设备、中国首套 6MW 级车载燃气轮机发电机组、国内首套液氮泵送设备，以及世界首台 4,500 型涡轮压裂车、全球首个电驱压裂成套装备等。

在石油装备领域，杰瑞股份是国内少数掌握高压柱塞泵、控制系统等核心技术的厂家之一，也是我国迄今为止唯一一家向北美地区提供全套压裂装备的供应商。2019 年实现涡轮压裂整套车组在北美地区的销售后，杰瑞股份于 2021 年 7 月再次与北美知名油服公司签下 2 套涡轮压裂整套车组订单。在国内市场，杰瑞股份的电驱压裂设备和涡轮压裂设备也在行业内持续领跑，已陆续在新疆油田、大庆油田、长庆油田、西南油气田等地应用。

杰瑞股份所处的石油及天然气设备制造与服务行业具有极强的周期性，与全球石油及天然气开采行业的发展及景气程度直接相关。数据显示，伴随着 2014 年下半年至 2016 年年初国际原油价格断崖式下跌的态势，低油价为行业带来重大影响，中石油等公司大幅度缩减资本支出规模。自 2016 年开始，国际油价开始回暖，同时国家高度重视能源安全保障，推动中石油、中海油等油气勘探公司加大投入，提升勘探、开采能力。

杰瑞股份收购其股东德石股份并将其成功培育至分拆上市，无疑是一次业务领域的突破，是其主动寻求第二增长曲线的有效探索。

从下面三张图（图 13-4、图 13-5、图 13-6）可以看出，石油、天然气勘探开发资本支出规模，与该行业的市场规模以及杰瑞股份的经营业绩直接相关。

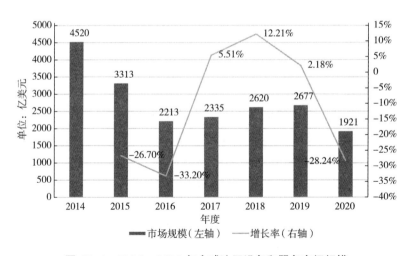

图 13-4　2014—2020 年全球油田设备和服务市场规模

资料来源：弗若斯特沙利文。

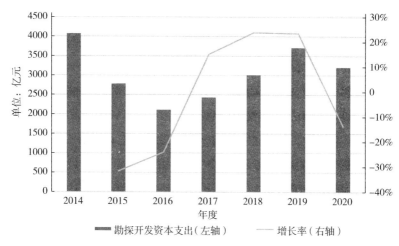

图 13-5 2014—2020 年国内三大油气公司勘探开发资本支出

资料来源：弗若斯特沙利文。

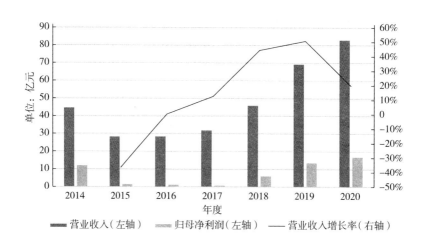

图 13-6 2014—2020 年杰瑞股份经营业绩情况

资料来源：杰瑞股份公告。

截至 2022 年 6 月 30 日，杰瑞股份市值从 2004 年首发上市时的 68 亿元增长到 386 亿元，其中杰瑞股份控股的德石股份市值贡献为 31 亿元。

杰瑞股份拓展第二增长曲线的案例中，呈现出以下几个主要特点。

（1）通过并购显著提升自身业绩水平和综合竞争力

杰瑞股份于 2014 年完成对德石股份的收购，成为控股股东并开始并表。尽管自 2014 年下半年开始遭遇了国际原油价格的急剧下跌、下游油气开采企业投资大幅缩减、行业环境持续不景气等现象，但是杰瑞股份的发展还是呈现了较强的"韧性"，归母净利润连续多年为正数，且业绩恢复速度明显快于行业平均水平。2019 年，全球及国内油气开采行业尚未恢复到 2014 年的景气程度，而杰瑞股份却已率先恢复"元气"，当年的营业收入和净利润已经大幅超过了 2014 年。

（2）同产业内的横向并购无法充分抵御行业周期性波动带来的风险

杰瑞股份与德石股份分别属于石油及天然气设备制造与服务产业内的两个细分领域，面向的是同类客户群体。通过并购和资源整合，二者可以迅速提高产品的市场份额，也有利于增强各自的服务能力和客户黏性。但是，拥有相同产业也意味着两家公司的业务具有极强的相关性，面对行业和外部环境的变化，业绩表现有相同的周期性，无法充分抵御行业波动带来的风险。这也是杰瑞股份近年来积极布局环保、新能源等领域的最主要原因。

后　记

在本书即将完结之际，我们真诚地向为本书的创作提供无私支持和深厚帮助的各位表示衷心的感谢。

首先，感谢真为基金的艾正宇、赵常丽、王泽奇、尹立仑、杜江涛、刘雪平、马徐铭、罗雅虹等对于本书提供的帮助和支持。大抵人生有两大幸福：一是热爱自己的事业，二是得到同人的合作。何其有幸，这两大幸福我们均已收获。在真为基金这个充满创造力和合作精神的团队中，我们相互启迪，共同迈进，你们既是我们在工作中的得力干将，也是我们在创作此书期间重要的合作伙伴。你们的专业素养、广博知识和积极态度为本书的创作注入了充沛的活力和独特的价值，每一次研讨和交流都为本书增色添彩，每一次协力亦成为本书迈向臻善之途的阶梯。

其次，要向我们的家人致以最衷心的谢意。你们是最坚实的后盾。你们给予的扶持和鼓励，无疑增添了我们的信心和勇气。你们的关爱和支持，使我们在困顿和挫折面前始终保持坚韧的姿态；你们的信任与理解，使我们在漫长而崎岖的创作道路上充满前行的毅力和决心。

再次，感谢默默付出、助力本书出版的编辑团队。你们以出众的专业水准和独到的审美眼光，对文稿进行精雕细琢，使其更加凝练、流畅且通透，让书中的文字浸润了智慧与美感。不论是微观的字句抠刻，还是宏观的章节优化，抑或是结构和语言的巧妙调整，无不昭示着你们对工作的热爱和追求卓越的精神。正是有了你们的巧手修饰，这本书才得以焕发迷人的光辉。

最后，我们诚挚地向每一位读者致以衷心的感谢。你们的阅读搭建起你我之间沟通的桥梁。我们期望能与你们分享思考和启示，共同砥砺前行，探索未知领域。你们无疑是书籍存在的真正意义，亦是作者持续前进的驱动力所在。对于读者给予的鼓励与认可，我们深感欣慰和感激。你们的阅读与反馈、信任与支持，永远是我们创作的最大动力和信心源泉。

向所有在我们创作过程中给予帮助和支持的人们致以最诚挚的感谢，在此祝愿各位在人生征途中乘风破浪，披荆斩棘，步步踏实，攀登高峰。

博学之人心常静，求知之路永无穷；不畏浮云遮望眼，勇立潮头驾长风。

刘斌　吴畅灏

2023 年 9 月